# 高校野球の制度研究

## デュルケーム理論からみた社会学的分析

竹村直樹 [著]

創文企画

# 高校野球の制度研究

―デュルケーム理論からみた社会学的分析―

## 目　次

# 第2章　処分規約の運用からみた日本高野連の構造…49

# 第3章　高校野球におけるプロ・アマ問題…71

# 序 章

## 本書の目的・方法・構成

本書を展開するにあたって、その目的・方法・構成について以下に説明を行う。この序章では、まず第1節において、高校野球についての何を明らかにするのかという目的を述べる。次に第2節では、目的に近づくためにどのような方法をとるのかについて明示する。そして、最後に本書がどのように構成されているのかについて提示する。

## 1. 目的

### 1-1　学校スポーツの起源

　本書では、高校野球における慣習や規約をそれぞれ制度として捉え、それらがどのような理由から成立し現在まで維持されているのかについて、その構造を明らかにすることを目的とする。

　高校野球とは日本の高等学校において、課外活動として行われているひとつの競技である。ここでは、まずはじめに、日本の学校教育の中でスポーツがどのように育まれてきたかについて述べる。

　日本の教育現場にスポーツが取り入れられたのは、正課の授業からよりも課外活動に依るところが大きいといえる。近代日本で行われていた体育教育は「体操」が中心であり、現在の体育授業のように、様々なスポーツを体験できる機会を得られる内容ではなかった。特に、1886（明治19）年、初代文部大臣森有礼により「中学校令」・「師範学校令」などから成るいわゆる「学校令」が公布されてからは、男子中等学校では兵式体操の実施を含む体育の実技が積極的に行われるようになった（安東，2002：86）。

　また、それ以前に文部省（当時）は、1878（明治11）年に、体操の普及をはかるために体操伝習所（以下、伝習所という）を開設し、体育教員の養成を始めている（安東，2002：86）。この伝習所では、体操以外にベースボール、フットボール、ホッケー、クリケット、テニス、ボートなどの各種スポーツも行われていた。伝習所の卒業生は、各自が最も得意とし、愛好する競技を赴任した小学校や中学校で児童、生徒に伝授していたようである（君島，1972：48）。さらに、伝習所の初代講師リーランドの助手を務めた坪井玄道は、東大講師であったストレンジに、先述した体操以外の戸外スポーツ

の伝授をうけ、『戸外遊戯法』を出版し、同書籍は全国の各校へ行き渡ったとされている（君島，1972：46）。こうした内容からは、日本の教育現場においてスポーツは、遊戯として各校に伝えられた様子がうかがえる。しかし、それらはやがて勝敗を競う競技へと変化し、同時に、自然発生的に各校で種目別の同好会が発足することとなる。そして、各学校が公認する、課外の部活動へと発展したのである。

　1913（大正2）年に文部省（現文部科学省）から刊行された『学校体操教授要目』の中には「体操科教授時間外ニ於テ行フヘキ諸運動」として「角力（男子）、弓術、薙刀（女子）、遠足登山ノ類、水泳及漕艇、羽子ツキ・毬ツキノ類（女子）、凧揚（男子）、ベースボール（男子）、ローンテニス」と記載されている（文部省，1913：39）。この内容から、文部省は、大正期に至るまでの部活動の発展を鑑み、課外活動である部活動について、教育の一環としての価値を認めていたことが理解できる。そして、こうした訓令からも、日本のスポーツの発展には、学校の部活動が寄与している点が大きな特徴として捉えることがでる。また、このことを、近代スポーツの発祥の地とされるイギリスと比較した場合、イギリスにおいてもクリケット、フットボール、ボートなどの集団スポーツの発展にはパブリックスクールが大きく寄与しており、日本と同様の傾向にあるといえる。しかし、当時から日本の中等学校や旧制高等学校では、スポーツへの参加は必須ではなく「選手制度」が採用され、あくまでも一部の生徒による課外活動として発展したことに対して、パブリックスクールでは、本来、生徒の課外活動であった運動競技を、学校側が生徒の自治ごと教育体系の中に取り込み、人格陶冶のための有効な教育手段として重要視していた（村岡，1987：231）。即ち、イギリスではスポーツが公式のカリキュラムに導入されており、日常的な寮対抗試合へは、生徒の「全員参加」が必須であった点に日本との相違がみられる（寒川，2017：104）。

　現在においても日本では、近代教育の現場から継承された形で、大部分のスポーツが教育機関である学校の課外活動として行われているケースが多い。そして、その中でも野球は、旧制高等学校において特に盛んに行われており、やがて各地の中等学校へと広範囲に広がったことで、現在の高校野球

の礎が築かれることとなった。

## 1－2　高校野球の特異性

　中等学校への野球の伝播には、3つのケースがあげられる。1つ目は、先述した伝習所を卒業して赴任した教師によって伝えられたケース、2つ目は、旧制の第一高等学校など野球が盛んであった学校の部員が、郷里へ帰省した際に母校で野球を説いたことによるもの（君島，1972：44）、そして、3つ目には、キリスト教系の学校において、アメリカ人教師によって伝えられたケースに分類することができる（谷川，2018：70）。

　表序－1は中等野球に対する当時の文部省の対応と、野球の課外活動としての発展を時系列に示したものである。そこには既に、明治期において学校間の対外試合[1] が活発になり、それにつれて部活動への過熱化が、やがて教育的な問題を抱えることとなっていた点がうかがえる。1907（明治40）年の全国中等学校校長会は、文部省の答申の中で、過熱化する部活動に対して、「学業を阻害する」、「疾病傷害を受けしむる」、「勝負に重きを置く為公徳を傷害し而して紛擾の基となる」などといった弊害を指摘している（神谷，

表序－1. 高校野球の創世記に関わる歴史的動向

| 文部省 | | 課外活動としての野球の動向 | |
|---|---|---|---|
| 1878 | 体育伝習所開設 | 1888 | 『戸外遊技法：一名戸外運動法』出版 |
| 1886 | 「学校令」公布 | 1911 | 東京朝日新聞社「野球と其害毒」を連載 |
| 1907 | 全国中学校長会に於いて運動部活動の弊害を指摘（文部省諮問） | 1915 | 大阪朝日新聞社が全国中等学校学校野球大会を開催 |
| 1913 | 『文部省体操教授要目』において「体操科授業時間外ニ於テ行フヘキ諸運動」ベースボールを記載 | 1924 | 大阪毎日新聞社が選抜中等野球大会を開催 |
| | | 1927 | 大阪毎日新聞社が選抜大会の優勝チームを米国へ派遣 |
| 1932 | 「野球ノ統制並施行ニ関スル件」野球統制令を公布（文部省訓令）学生野球の過熱化を抑制に向けた施策 | 1946 | 全国中等学校野球連盟結成日本学生野球協会結成中等野球連盟はその傘下となる |
| 1947 | 野球統制令廃止 | 1947 | 学制改革に伴い全国高等学校野球連盟へ改称 |

2015：14)。さらに、部活動の中の野球に対して、東京朝日新聞は 1911（明治 44）年 8 月 29 日から 9 月 19 日まで、「野球と其害毒」をテーマにして、中等学校関係者からの意見を中心にその弊害を連載している[2]。

　しかし、こうした部活動への批判の一方で、東京朝日新聞社と同系列の大阪朝日新聞社は、1915（大正 4）年から全国中等学校優勝野球大会を開催している。そして、この大会は現在の夏の甲子園大会へと続いているが、既に、大正期においても連日 4 万人を超す観衆を集めるなど、中等学校の課外活動としては異例の観客数を記録している（玉置，2004：52）。

　歴史学者有山輝雄はメディア史の研究の中で[3]、戦前、甲子園球場で開催された中等学校の全国大会は、大阪朝日新聞社の経営戦略の一環として始まったメディアイベントであり、やがてライバル社である大阪毎日新聞社にもその戦略が波及し、二社が対抗するようになった点を分析している。さらに有山は、甲子園大会が大衆の娯楽として成立し、その過程で、当時の民衆の理念に見合う、理想的な日本独特の武士道野球が、物語的な報道操作によって形作られた点を指摘している。1927（昭和 2）年、大阪毎日新聞社が、選抜大会の優勝チームを、米国に派遣する新企画を打ち出したことなどからみても、メディア側において、中等野球の大会に対するイベントとしての価値の大きさをうかがうことができる（山室，2010：5)。

　このように、高校野球の前身である中等野球は、明治期から大正期、昭和初期の事例を辿ると、当時、学校の課外活動としては異例の人気を博していた点が理解できる。そして、こうした人気は、その過熱化に対する国家からの抑制[4]を受けながらも、第二次世界大戦後から現在まで継続することとなる。そこには、戦後、中等野球関係者が中心となり民主的に設立された統轄団体、日本高等学校野球連盟（以下、日本高野連という）の力が大きく関わっているといえる。

　日本高野連は、設立以来、極めて自立性の高い組織へと発展するとともに高校野球の特異性を生む源泉として機能しているのである。現代においても、高校野球の世界は、他の高校スポーツと比較しても特異な点が数多く見受けられる。例えば、春夏に甲子園球場で開催される全国大会では、メディア各社が「国民的行事」[5]とまで表現するなど、その集客人数やテレビの放映時

間、新聞紙面への掲載など、量的な面で他の高校スポーツを圧倒している[6]。また、高校生の課外活動であるにも拘らず、高等学校の生徒指導上の規約とは別に、競技団体である日本高野連や、その統轄組織である日本学生野球協会（以下、学生野球協会という）が定める学生野球憲章[7]の規約に従うことが、野球部員には課せられている。さらに、その規約の適用範囲は、単に生徒である野球部員個人に留まらず指導者や野球部自体にまで及んでいるのである。規約では、野球部員や指導者の行為がそれに抵触する内容であれば処分を科し、商業主義的なイデオロギーを排除するために、プロ野球やメディア、民間企業との関係に対して規制を設けている。

　このように高校野球は、日本の高等学校で行われている他のスポーツ系クラブとは大きく異なり、競技団体の権限が高等学校を上回っているといっても過言ではない。因みに、他の多くのクラブを統轄している全国高等学校体育連盟（以下、全国高体連という）では、生徒や指導者の管理は基本的に所属する高等学校に任せており、自らが部や個人に処分を科すといった規約が定められているようなことはない。さらに、全国高体連が開催する以外の大会へ参加する際、スポーツメーカーとのモニター契約を交わした選手が、同社のユニフォームを着用して参加することや、民間企業とクラブがスポンサー契約を結び、ユニフォームに企業名を表示して出場することなどへの規制は緩和される傾向にあり[8]、商業的なニーズを否定することなく、各学校単位にその判断を委ねているのである。そして、このような背景からは、高校野球の世界のみ、それを統轄する競技団体の権限がたいへん高いレベルで維持されているといった状況が見えてくる。

　また、こうした日本高野連の傘下である高校野球の現場では、同じ野球で比較した場合にも、大学や社会人、プロの野球と比べて、選手の風貌や行為、行動において全く違った様相を含んでいる。例えば、髪型を坊主にそろえた選手の風貌や、試合中の攻守交替における全力疾走、軍隊風の礼や挨拶など、グランドの内外において他の組織では行われることのない慣習が維持されている。そして、そうした行為からは、近世の武士道的な儀礼や、近代日本における精神主義や集団主義を再生産しているようにも捉えられる。

### 1－3　先行研究からの検討

　これまでの高校野球研究について概括すると、制度史やメディア史を中心
とした歴史研究とメディア論を中心とした社会学的なアプローチに分類され
る。制度史においては、中村哲也による学生野球憲章についての研究[9]が
挙げられる。中村は、戦前に国家による野球の統制を受けた教訓として、戦
後、学生野球憲章が制定された過程を明らかにし、その成立期から、2010（平
成22）年に行われた全面改正に至るまでの期間を通して、高校野球の歴史
的経過を明らかにしている。その中で、戦後、民主的な自治によって創設さ
れた日本高野連を中心とした組織形態が、実際には、トップダウン形式の権
力主義的な内容を秘めたものである点を指摘している。

　社会学的な研究としては、小椋博と江刺正吾の研究[10]や清水諭の研究[11]
が代表的である。小椋・江刺の研究では、高校野球の選手、スタンドで応援
する人、テレビ中継を通して視聴者の得る高校野球の充足と、それを人々に
意識付けるメディアの役割等が社会学的視点から捉えられている。また、小
椋は、当時、サッカーJリーグが開幕し、日本国内がサッカー人気に沸き、
将来的には野球人口を超える競技へと発展することを予測しており、選手の
風貌、ユースチームの構築など組織的な内容からも、高校野球から導かれる
古典的イメージとは異なったグローバルスポーツとして、国内の野球人気を
超える日が近いと予測していた。しかし、この予測は高校サッカー人口が増
加した点では確かであったが、21世紀になっても、高校野球へのメディア
を中心とした注目には変化がなく、以前と同様に何年かに一度スター選手が
作り上げられながら、先述した通り、全国大会での入場者数やテレビ放映時
間等は他の高校スポーツを圧倒し人気を博しているといえる。

　清水は、高校野球の歴史と、その発展に対してメディアの果たした役割を
明らかにした研究の中で、テレビ中継が作り出す「青春のドラマ」について、
球場にあるテレビカメラが捉える選手のプレイやリプレイ、応援席や試合後
のインタビューなどから詳細に分析している。さらに、フィールドワークに
よって、甲子園大会のテレビや新聞によって作られた、選手や野球部、高等
学校のイメージが、はじめは異なっていても、しだいに現実の姿へと変化し
ていく過程を、地元の人たちや、選手へのインタビューを通して分析してい

る。そして、それらの分析をもとに、甲子園野球の健全で厳格なイメージが強化され、神聖なる「物語」を演出するメディアの実態を明らかにしている。

これらの研究においては、高校野球の歴史的過程からみる権力的組織の実情や権力者の存在など、また、メディアによる高校野球の印象操作について明確に実証されており、本書においてもたいへん共振するところである。しかし、それらはいずれも表面的なひとつの行為を分析するに留まり、そうした行為が派生する根本的な要因について触れられていない。そこで本書では、それらの視点からさらに踏み込み、高校野球の現場における独特な慣習や規約を制度として捉え、それらがどのような過程を経て構築されてきたかについて歴史的経過をもとに分析する。そして、現在でも戦前のイデオロギーが継承されているようにも見えるそうした制度が、実際の指導現場ではどのように受け入れられながら維持されているのかについて、社会学的分析を通してその根本的な構造を明らかにすることを目的とする。

具体的には、はじめに慣習的な行為について、実際の現場ではどのような指導によって選手のグランドでの態度や行為が身につけられているのかについて、歴史的資料や現在の公式試合での規則などを通して、よりリアルに分析を加えることを１つ目の目的とする。

次に、法的な規約をもとに、高校野球を統轄している日本高野連が、何故、公的な教育機関である高等学校や民間のメディア、商業関連などから距離をとりながら、独自の権限によって高校野球の世界を守ろうとするのかという点について明らかにすることを２つ目の目的とする。即ち、高校野球の現場において、戦前の武士道や集団主義的なイデオロギーが保たれている構造について、公式試合での規則に基づいたグランド上での慣習的な行為に対する義務と、競技団体による法的な規約に基づく義務に分類し、前者について歴史的過程を整理した上で、現代の高校野球において、理想とされる野球部員の行動様式を分析する。また、後者については、規約が制定されるまでの歴史的経緯を時系列で整理した上で、それらが現在でも維持されている背景を直視しながら、先述の目的を明らかにしていく。そして、最後に、野球部員のグランド上での慣習的な行動様式と法的な規約が、実際の指導現場では、それぞれ制度としてどのような指導マニュアルのもとで補強関係を持ちなが

ら、われわれが抱く戦前から変わらぬ高校野球へのイメージを再生産しているのかについて、その構造を明らかにすることを本書における最大の目的とする。

## 2.　方法

### 2 − 1　中範囲の理論による制度分析

　次に、本書の目的を達成するためにどのような方法を用いて分析していくのかについて述べる。制度とは、機能的側面ないし諸機能システムにおける人びとの確定した行動様式の体系化をさす。そうした行動様式は、細かな行為規則から慣習や法に至るさまざまの水準で社会規範に準じて強制され習得されたもので、拘束的な性格を有している（森岡他編，1993：863）。この制度について、社会学者エミール・デュルケームは（以下、デュルケームという）は、集合体によって制定されたあらゆる信念や行動様式を制度とよび、社会学とは諸制度およびその発生と機能に関する科学であると定義している（Durkheim, 1895 = 1978: 43）。

　デュルケームはまた、社会の凝集力の根底には宗教的・聖的存在と同様な存在があるとして、社会が宗教現象であると考え、宗教を社会理解の鍵であるという見解を示している（作田，1983：57）。そして、宗教に類似した集合力が秩序を生み出し、やがて集合的規律として成立する制度の背後には、「共同の観念や感情を、同一の対象への共同の愛着を、規範の形で表現する」（Durkheim, 1950 = 1974：62）ものがあるという。さらに、デュルケームは、制度は組織化されたものの内部にある法の規則、道徳、宗教教義から社会的潮流までを含むと述べている（Durkheim, 1895 = 1978: 56）。本書ではこうしたデュルケームの制度概念を軸に、自身の指導現場における経験的調査と、新聞報道等における記事やデータによる仮説をもとに、社会学的理論による分析を加えた中範囲の理論 [12] をもって明らかにする。

　図序− 1 は、本書の研究方法を図式化したものである。図中の矢印は高校野球における「慣習化した行為」と「法的な規約」の 2 つを、それぞれ歴史軸の上に示している。「慣習化した行為」とは高校野球において、戦前から

変わらぬ様相を含んだ集団的で宗教的な儀礼にも見える慣習化した個人レベルの行為をさす。一方、「法的な規約」は組織の次元から見た集団的レベルの行為の様式である。そして、中心に位置する「高校野球の現場」では、そうした上下に表した2つの行動様式が互いに補強関係を保ちながら高校野球の世界が再生産されている点を示している。

　本書では、このように類別した2つの行動様式について、デュルケームによる制度論のなかから、第1章においては、高校野球における選手のグランド上での行動様式について、公式試合で奨励されている徹底事項とともに「儀礼論」を援用する。次に、第2章、第3章では成文化された法的な処分規約をもとに、日本高野連という組織について「中間集団論」によって考察を加える。さらに、第4章において、実際の指導現場では、そうした制度がどのような組織のもとで一元化し、継承されていくのかについて、デュルケームの社会類型をもとに日本高野連の組織構造を示す。そして、それらを現場における経験的な実証と統合することで、高校野球の世界が戦前の面影を維持しながら再生産されている構造について分析し、その実態を明らかにする。

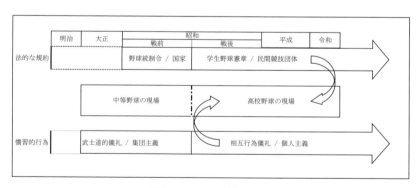

図序－1. 研究方法の類別

## 2－2　デュルケーム理論の概要

　本書では、前節でも述べた通りデュルケームの理論を援用して高校野球の構造について分析を進める。ここでは、実際にデュルケーム理論のどの部分

に関与するのかについて簡潔に述べる。まず第1章では彼の著作の中から、
『宗教生活の原初形態』で論じられている儀礼論によって慣習的行為を儀礼
と位置づけて考察する。

　次に、第2章、第3章においては、デュルケームの『社会学講義』の中
で述べられている中間集団の理論を日本高野連に当てはめ、組織の誕生から
その歴史的変遷を辿りながら、中間集団としての日本高野連の機能について
分析をする。そして、第4章においては、『社会分業論』において示された
社会的連帯の類型と日本高野連を関連づけて分析する。以下に、本書に関連
するデュルケーム理論の概要を示す。

　デュルケームは、19世紀末の西欧社会において、分業を基礎過程として
進行する歴史の中で宗教の機能がしだいにせばめられ衰耗し、集合体の精神
が胞弱になってきている点に危機感を感じた。著作『社会分業論』では、近
代社会における資本主義化、合理化、世俗化の進行に対して、集合意識の覆
う領域は縮小され、従って宗教の機能も次第にせばめられ衰退していくと論
じている。

　その一方で、デュルケームは、宗教に代わる「道徳生活の諸事情を、実証
諸科学の方法でとりあつかおう」(Durkheim, 1893 = 1971: 31)と試みている。
これは、社会的分業が進行するにつれ「個人がますます自立的になりつつあ
るのに、いよいよ密接に社会に依存するようになるのは、いったいどうして
であるか。個人は、なぜいよいよ個人的になると同時にますます連帯的にな
りうるのか」(Durkheim, 1893 = 1971: 37)という事態の矛盾を解明した。

　近代社会は、分業の発展により社会的連帯が近世までの内容から変化して
いる。この点についてデュルケームは、分業は「二人あるいは数人のあい
だに連帯感を創出すること」(Durkheim, 1893 = 1971: 58)や「諸機能の連
帯がなければ存在しえない社会を可能ならしめること」(Durkheim, 1893 =
1971: 62)へと寄与するとともに、分業によって創出される社会の凝集が道
徳的効果をもたらしていると主張している。

　さらに『社会分業論』では、法を分類することによって社会的連帯の類型
を検証している。法は近代社会において、個人の道徳への外部標識であり、
目に見える象徴として機能している。人びとの社会生活の中で形成された社

会的連帯の本質的な様相は、みな法律に反映されているという見解をデュルケームは示している。また、その際、法と習俗は対立するものではなく、習俗は法の基礎となるという。さらに、法を分類することによって社会的連帯の類型を考えたデュルケームは、近世から近代への社会進化を、抑止的法律に対応する機械的連帯、復元的法律に対応する有機的連帯の二つに分類し、機械的連帯から有機的連帯へと連帯の持つ質の変化をもって区分している（Durkheim, 1893 = 1971: 72）。

　機械的連帯とは、親族共同体の内部における集合意識の強い社会連帯であり、その内部は諸個人の同質性、強い集合意識、抑止的な宗法－刑法的制裁によって特徴づけられるという（作田，1983：32）。この場合の抑止的制裁とは、受刑者に身体的苦痛を与える制裁であり、集団規範への違反に対する抑止的制裁の厳しさに伴って集合意識が形成される。集合意識はそれが大きな活力をもてばもつほど、より大きな作用を個人に及ぼす。また、その中での信念と慣行とが確定していればいるほど、個人的な多様性が加わる余地は少ない（Durkheim, 1893 = 1971: 150）。我が国の共同体的な近世村落は機械的連帯に近い状況であったといえよう。

　一方、有機的連帯は、諸個人が相互に異質であることを前提とし、それぞれ固有の人格を尊重することによって成立する機能別の分業に由来する連帯である（Durkheim, 1893 = 1971: 128-9）。このような機能別の社会では、機械的連帯による環節別の社会と比べ集合意識は弱まる。有機的連帯とは、分業による抽象化・合理化のもとで、個人を尊重する過程によって生じた新しい社会紐帯であるといえる（中島，1997：50-51）。個人はその労働が分割されればされるほど、その中での各人の活動が専門化され、より一層個人的となる。社会の凝集性はそうした個人間の機能的な相互依存を通して維持されるのである。デュルケームは、「分業によってこそ、個人が社会にたいする自己の依存状態を再び意識する」（Durkheim, 1893 = 1971: 384）という。そして、近代社会において、人びとの相互依存による連帯が、国家に対してどれだけ貢献しているかについて、『社会学講義』の中でつぎのように明らかにしている。

　近代以前の社会では、個人は地域社会における共同体的な中間集団の中に

埋没し、閉じられた世界の中でのみ生活を営むことが可能であった。しかし、近代国家の権力によって個人はそうした生活から開放されることとなる（Durkheim, 1950 = 1974: 98）。その一方で、近代社会における分業が築いた社会的連帯は、国家－個人の間に介在する機能をもったあらたな職業集団や同業者組合などの中間集団を形成することとなった。この中間集団について、デュルケームは「国家は二次的集団の存在するところに初めて存在する」（Durkheim, 1950 = 1974: 79）という。そして、個人を開放するためには、国家が二次的集団に制約されなければならないという近代以前への理論とは逆の内容を支持している。しかし、二次的集団においても個人を拘束し意のままに統治することがあってはならず、かつ国家への拮抗力の必要性を示している。そして、個人の自由は、国家と二次的集団との葛藤のなかから生まれるということを付言している（Durkheim, 1950 = 1974: 98-9）。

　デュルケームは晩年、宗教の役割および役割を演じる可能性について、それまでにはなかった明確な見解を示している。先述した『社会分業論』においては宗教の衰退について、『社会学講義』ではポリネシアンでのタブーとされる行為への考察から、宗教のもつ社会的機能に関心の照準を合わせていたが、それらの後に書かれた『宗教生活の原初形態』では、宗教に対する信念と儀礼を伴う生活をもとに、宗教のもつ機能論としてさらに深く発展させている。

　社会学者宮島喬は、デュルケームが宗教の演じる役割について目を向けたのは1895（明治28）年のことで、「ロバートソン・スミスとの一統の著作に接したことが大である」（宮島, 1987：151）点を明らかにしている。デュルケームはその後、『宗教生活の原初形態』において、オーストラリアの未開社会から宗教のもっとも単純な形態を発見する作業を試みている。そこには、宗教とは「神聖すなわち分離され禁止された事物と関連する信念と行事の連帯的な体系」（Durkheim, 1912 = [1941] 1975: 31）であること、即ち信念とそれに対する儀礼をもって宗教が構成されているという点が示されている。そして、この定義にある宗教的信念の特徴は、聖なるものと俗なるものに二分することである。

　聖なるものとは、われわれの日常生活から分離されたものであり、俗なる

ものとは聖なるものへの接近が禁止されたものである（Durkheim, 1912 = [1941] 1975: 77）。一方、宗教的儀礼とは、人が聖なるものに対してどのように振る舞うべきかを規定した準則行為であり、俗の世界から聖なる世界への接近を可能にする行為である。あらゆる宗教体系に共通するのは、そうした宗教的儀礼をもって、あるものが特別の意味をおびて分離、禁止となるという事実である。デュルケームはこの点に注視をして聖－俗の二分法によって区別することをもって宗教的思惟の本質と見なしたのである。

## 2－3　儀礼論による慣習的行為の分析

　デュルケームは、諸個人が様々な立場の中でその務めを果たすとき、個人は自身および自身の行為の外部にあって、法や慣習の中に規定されている諸義務を果たしていると定義している（Durkheim, 1895 = 1978: 52）。本書では、まず、第 1 章において、日常の指導現場で実際に展開されている高校野球ならではの選手のグランド上での慣習的な行為や行動に対して、その起源はどこにあるのかについてこの定義に沿って考察を加える。

　高校野球の公式試合で求められている集団主義的な集合性からは、教育現場というよりもむしろ神聖化された宗教的な儀礼に近い世界観を感じることがある。また、選手の容姿や大会での行進などからは、戦前の軍隊にも似た体質として捉えることができよう。そこで、こうした高校野球独得の世界観はどのようにして形成され、近代から現代まで継承されているのかについて、デュルケームのいう、集合体の中の一つの観念が宗教信仰と同じ畏敬の念を抱かせるという宗教理論を軸に分析を加える（Durkheim, 1893 = 1971: 164）。

　デュルケームは、宗教を社会的連帯について理解する鍵であると捉えていた。そして、宗教とは世界を聖と俗とに二分化するものであるという見解を示し、聖的存在に対する宗教的な諸儀礼について、日常の俗的存在との分離を目的として行われていると定義している（Durkheim, 1912 = [1942] 1975: 118）。第 1 章ではそうした儀礼論を、高校野球の公式試合で行われている慣習化された選手の行動準則に援用することで、戦前から変わらぬ集団主義的かつ精神主義的な印象が何故維持できているのかについて明らかにする手

掛かりとする。

　デュルケームが指摘するように、聖と俗との二元論によって宗教を分析することは、宗教以外の他の領域における連帯の力労を説明する手掛かりになる。そして、宗教とは信念と儀礼から成り立っており、儀礼を正確に遂行することが聖なるものへの信念であり、個々人が俗と分離された神的なものに帰属している現実こそが社会である（Collins, 1984 = 1992: 50）。即ち、社会にはどんな個人よりもはるかに大きな力があり、誰もが社会に依存して生きているということになる。そして、社会への依存は、神への依存と同じく個別的観念を飛び越えて人と人とをつなぐものであり、そうした観念を用いて思考することで、社会が個々人の心の中まで浸透するのである（Collins, 1984 = 1992: 53）。さらに、その中で行われる儀礼とは、社会集団内の共通意識を表現する行為であり、儀礼を尊重することが正しく、違反することが正しくないという集団内の道徳感情が生じるのである。

　戦前の日本においては、個々人は分業により細分化された何れかの社会集団に依存しながら、良き成員としての社会的義務を果たすといった具合に道徳感情が高い状態であったといえる。そして、現在の高校野球において慣習化している野球部員の儀礼的な行動様式も、そうした社会全体レベルでの統合として捉えることができるのではないか。

　また、その一方で、組織の象徴として武士道や集団主義に則り展開されていると捉えられがちな野球部員の慣習的な儀礼が、現代の高校野球の現場ではどのように受け入れられているかについて、戦後の社会変化に伴う儀礼のもつ意味の変化とともに、野球部員の日常の行為におけるリアルな現実に触れながら考察を加える。その際、高校生の持つ野球部員としての行為への意識について、社会学者アーヴィング・ゴッフマン（以下、ゴッフマンという）の相互作用儀礼の理論を援用し、デュルケームのいう社会の象徴的レベルでの宗教的儀礼から、ゴッフマンによる挨拶などの社会的レベルでの相互作用儀礼へと儀礼論を置き換えて再考を試みる。

　デュルケームによれば、産業社会では分業が高度に発達するので諸個人は次第に異質化するという。それ故、神という観念はより抽象化するとともに、人間性という一般概念に転化するのである（Collins, 1984 = 1992: 77）。そ

して、こうした過程の中で宗教的な儀礼は遠隔化し、形式的なありふれた儀礼へと変化するのである。ゴッフマンはこのありふれた儀礼を、日常生活における相互作用儀礼と定義している。

　多くの高校生は野球部に入部すると同時に、髪形を丸坊主に統一し、グランド内で機敏かつ集団的な行為を義務として高校生活を過ごすようになる。即ち、「高校球児らしさ」が必然的に彼らに課せられるという社会的環境の中で行動様式が規定されていくのである。しかし、そうした行動の実践は野球部に在籍している間のみであり、野球部員の引退後には極端とも言える態度、行動の変化が大いに見られるのも現実である。そして、こうした指導現場における実情を加味すれば、野球部員としての行為には、先にも述べた宗教的儀礼のように、ある信念をもって行われている儀礼ではなく、実際には人と人のコミュニケーションの中での適切な秩序を維持するための、即ち「高校球児らしさ」を作り出す相互作用儀礼として捉え直すことができる。そこで本書では、現代の高校生の持つ野球部員としての行為への意識を、ゴッフマンのドラマトゥルギー論を通して分析する。

　ゴッフマンは特定の状況にある参加者の行為が、他の参加者（観察者）に影響を与えるのに役立つすべてのことをパフォーマンスと定義し、パフォーマンスを遂行する者をパフォーマー、他者のパフォーマンスに寄与する人びとをオーディエンス（観察者）と表現している（Goffman, 1959=1974: 18）。本書においては、この理論を高校野球の世界に当てはめて考察を加え、パフォーマーを野球部員である高校生に特定し、オーディエンスは高校野球を知るすべての人びとと定義する。そして、このパフォーマーとしての野球部員の振る舞いと、オーディエンスの野球部員への要求が、相互的に影響しあいながら高校野球の世界が創造されている部分を、競技団体より奨励されている行動様式を通して明らかにする。

　以上の方法をもって高校野球の中で見られる慣習的な行動様式について、それは戦前の精神論や集団主義を継承したものではなく、外部に属性を示すためへの思考や行動、そして感覚であり、野球部員にとって個人が欲するか否かに関わらず、現代では、公式試合において理想とされる行為を描いた、強制力をもった規範がその源泉である点を明確に示していきたい。

## 2－4　中間集団論による法的制度の分析

　第2章、第3章では、学生野球憲章を中心とした、高校野球の世界における成文化されている法的な規約をもとに、日本高野連のもつ組織としての意味を明らかにする。そして、高校野球の競技団体による規約が、何故に高等学校での生徒指導の範囲を超えたかたちで強権的に保たれているのかについて明らかにする。そして、その際、文部科学省と日本高野連との歴史的な関係について、デュルケームの中間集団の理論を援用して考察する。

　デュルケームの中間集団の理論には2つの主張が含まれている。1つ目は、国家という普遍的な権力が、近世までの農村共同体のような中間集団を否定することによって個人がはじめて解放されていくという、中間集団の存続の問題性についての主張である（Durkheim, 1950 = 1974: 98）。そして2つ目は、近代以降、肥大化する国家権力への対抗として、国家の圧力から個人を守るためには中間集団の再建が必要であるという、中間集団の不在の問題性についてである（Durkheim, 1950 = 1974: 98）。本書においては、まず、日本高野連について、組織設立の意義として中間集団の不在の問題性から捉えることとする。そして、現代社会において独自の制度が、野球部や野球部員にとって強権的となっている日本高野連の実態について、中間集団の存続の問題性の視点に置き換え分析する。

　先にも触れたが、デュルケームは、近代社会における分業によって個人の社会集団への依存がより強まったことについて言及している（Durkheim, 1893 = 1971: 384）。そして、その社会集団は、国家－個人の間に介在する機能をもつ中間集団として個人を国家から解放するために機能すると示している（Durkheim, 1950 = 1974: 98）。第2章では、こうした中間集団の不在の問題性の理論を援用し、日本高野連設立に関する歴史的経緯と、高校野球の世界における法としての規約である日本学生野球憲章（以下、学生野球憲章という）との関係から、日本高野連のもつ組織としての意義を分析する。

　競技団体による不祥事への処分制度は、高校野球独特な制度であるといえる。野球部をひとつの単位として罰せられる処分は、競技団体である日本高野連を通して学生野球協会の審査室に委ねられている。こうした他の競技では見られない「連帯責任」を伴う処分が何故存在しているのかという疑問を

手掛かりに、処分規約の内容や運用の変遷を分析し、現代において緩和しつつも維持されている「連帯責任」をもとに組織のもつ意義を探る。

　第3章では、他競技の競技団体や同じ野球界における別の競技団体、例えば、プロ野球や社会人野球、大学野球と高校野球の世界について比較を行う。そして、徹底した商業主義の排除やプロ野球との関係において、何故、高校野球だけが、他には見られない競技団体による厳しい規約が設けられているのかという点について、中間集団の存続の問題性としての視点から考察を加える。

　具体的には、これまで日本の野球界を牽引してきたといえる日本高野連と、プロ野球を統轄している日本野球機構の2つの組織について、その成立期から現在に至るまでの様々な歴史的背景を辿りながら、日本スポーツ界においてたいへん人気の高い野球に限って、何故、プロからアマへの指導制限が設けられたのかについて、それぞれの組織を中間集団の理論をもって比較しながらその要因を分析する。そして、「高校野球指導の雪解け」と表現される、元プロ野球関係者による高校野球指導緩和後の、指導現場での事例について触れながら、2013年に始まった「学生野球資格回復制度」による、高校野球への影響について検討を加える。

　第4章においては、日本高野連が中間集団としての自立を如何にして高めていくかについて、独自で実施している若手指導者養成講習会「高校野球・甲子園塾」について、その内容をもとに、他競技が実施している指導者養成プログラムと比較しながら、講習会の持つ意味について考察する。そして、法的制度によって自立性が保たれている組織が、これからの指導現場での実践を担う人材育成において、どのような形態をもってそうした制度を維持していくのか、また、高校野球を指導する側の同一的で集合意識の強いイデオロギーがどのように継承されるのかについて分析する。さらに、その結果を踏まえて、デュルケームが用いた機械的連帯・有機的連帯といった社会類型を援用し、他の高校スポーツにおける競技団体と日本高野連の違いについて、組織的な相違点を明らかにする。

　以上の方法によって、日本高野連のもつ組織的な意味を問いながら、組織を支える指導現場での公式試合等でみられる慣習的な行為と規約の分析を行

い、高校野球の世界が維持されている構造について明らかにする。そして、最後に、今後の高校野球の向かう方向について検討する。

## 3. 構成

　本書を展開するにあたり、筆者は次のような構成をとる。

　筆者は高校野球における慣習的な行動様式と法的な規約を1つの制度とした。そして、その制度の内容について、本書では、個人と集団のレベルに分類したうえで、図序－2に示した構成によって分析する。そして、高校野球における行動様式について、個人の行為のレベルとして儀礼論を援用して考察する。また、法的な規約については、集団における組織のレベルとして捉え、中間集団論に関連させて分析する。

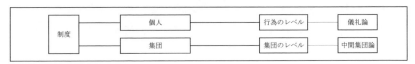

**図序－2．本書の構成**

　本書の構成をまとめると以下のようになる。

　まず、はじめに、先に述べた内容を総合する意味で序論を構成した。そして、第1章では、高校野球における公式試合で奨励されている行動様式をもとに、野球部員のグランド上での行為について、歴史的経過を辿りながら儀礼論を援用して分析する。そして、それらは戦前・戦後を通して現代まで、各時代の野球部員においてどのような観念のもとで継承されているのかについて社会学的分析を加える。具体的には、デュルケームとゴッフマンによる各々の儀礼論の視点から、高校野球の世界における慣習的な行為を儀礼とし、それらは、中等野球の時代から現代に至るまで、野球部員においてどのような観念によって遵守されているのかについて考察する。その際、高校野球の指導現場をひとつの舞台に例え、ゴッフマンのドラマトゥルギーの理論を援用して分析する。

第2章、第3章において、高校野球の特徴として他の競技には見られない成文化された厳しい法的な規約の中から「不祥事処分」、「プロ・アマの規定」の2つを取り上げる。そして、それらを継続してきた競技団体である日本高野連について、組織の成立に関わる歴史的過程を紐解いた上で、中間集団として位置付ける。

　第2章では、競技団体である日本高野連による法的な規約のなかから、学生野球憲章における処分制度について、その成立期から現代までの歴史的変遷を整理する。そして、他の競技団体にはない「連帯責任」を伴う厳しい処分がもつ、日本高野連にとっての意味について考察する。また、その際に、日本高野連という組織について、デュルケームによる中間集団論を援用して分析する。

　さらに、第3章においても、中間集団論をさらに発展させ、日本高野連とプロ野球を統轄する日本野球機構という2つの組織について、それぞれの組織のもつ意味を比較する。その上で、両組織の成立期から現在に至るまでの様々な歴史的背景を辿りながら、プロからアマへの指導制限が設けられた要因について分析する。そして、近年、プロ・アマの関係が弛緩したことによる高校野球への影響について、指導現場での事例をもとに検討を加える。

　第4章では、高校野球における若手指導者への養成講習会の内容から、高校野球の自立性の高い中間集団としてのイデオロギーが、どのようにして継承されていくかについて、他競技のそれと比較をして明らかにする。また、その際、デュルケームの社会類型を日本高野連の組織にあてはめ、他競技と比較して「なぜ高校野球だけが」と問われやすい特異な部分の源泉を見出す。


【註】
1)　中等学校の野球部の対外試合の活躍は、1897（明治30）年に郁文中学が上級学校である第一高等学校に勝利、1901（明治34）年には愛知一中が慶応大学に勝利した記録がある。また、1910（明治43）年には第1回東京都下中学校野球大会が実施されている。
2)　「野球害毒論」といわれる。学生野球の批判に関する著名人の談話や全国中学校長へのアンケート結果をもとに学生野球を批判する記事が掲載されている。

3) 有山輝雄（1997）を参照した。

4) 1932（昭和 7）年、文部省は「野球ノ統制並施行ニ関スル件」を訓令し、小学校、中学校、大学、高等専門学校における野球への過熱化に対して、商業主義的な大会の開催や選手の競技への偏重を抑制した。

5) 西原茂樹の研究では、メディア各社が、甲子園大会を「国民的行事」と表現する習慣が 1970 年代後半から激増し、定着していく変容を検証している。

6) 高校野球の場合、全国大会（春の選抜大会、夏の選抜大会）は NHK が 1 回戦から全試合を全国放送している。サッカー、ラグビーにおいては、全国大会の準決勝、決勝のみが全国放送である。また、2013（平成 25）年度の高校スポーツ全国大会における観客動員数は以下の通りである。

全国高等学校野球選手権大会　　　862,000 人
全国高校サッカー選手権大会　　　313,000 人
全国高校ラグビー大会　　　　　　127,000 人

出所：日本高等学校野球連盟，2013，2018 年 3 月 31 日取得
　　　http://www.jhbf.or.jp/sensyuken/spectators/
　　　日本サッカー協会，2014，2018 年 3 月 31 日取得
　　　http://www.jfa.jp/match/alljapan_highschool_2015/schedule_result/
　　　「12 万人が観戦　プレーにも熱」『毎日新聞』朝刊 20 面、2016 年 1 月 12 日

7) 1950（昭和 25）年に制定された全日本大学野球連盟と日本高野連に加盟するチーム、監督、選手等に対する憲章。全 9 章で構成され、学生野球の理念と方針に基づいた規定をを記している。高校野球の場合この憲章に加え日本高野連の規約が定められている。

8) 近年、高校生のクラブ活動において、高体連が主催する以外の大会ではスポンサー企業名をユニフォームにつけて試合に出場するケースが増えている。テニスや卓球のオープン大会や全日本選手権、高校サッカーが J リーグのユースチームとともに参加している高円宮杯 U-18 サッカープレミアリーグなどにおいてよく見られる。

9) 中村哲也（2010）を参照した。

10) 小椋博・江刺正吾編（1994）を参照した。

11) 清水諭（1998）を参照した。

12) 中範囲の理論とは社会学者マートンの用語で、経験的な社会的事象の観察から得られた諸命題と社会学の理論を統合させた、理論的一般水準において中間的な社会学理論をさす（森岡他編，1993：1011-2）。本書では、高校野球の歴史的資料および筆者による指導現場での個別的な経験的調査とデュルケームの理論を軸とした社会学理論を統合させ、戦前からの行動様式を再生産し

ているようにも見える高校野球の世界について、その構造を分析する。また、歴史的資料においては、主に新聞社による報道内容を参考資料として利用するが、その中でも朝日新聞社の記事をその中心とする。同社は高校野球の大会を主催する機関紙もであり、高校野球自体を擁護する報道に偏りがちでもあるが、なによりも他社以上の情報量があり、大会主催者であるが故に他社では得ることのできない詳細な内容を含むため、高校野球における様々な出来事の経緯を確認するには最適であると判断した。

# 第1章

## 公式試合の行動様式からみた
## 高校野球の再生産

# はじめに

現代の高校野球において、公式試合の中で選手が見せる礼儀正しい挨拶や、全力疾走などによる懸命さの態度から、われわれは精神主義的な印象を受けずにいられない。特に、甲子園球場で開催される全国大会での入場行進の風貌や統一された選手の機敏な動きからは戦前の軍隊に似た全体主義を連想してしまう。そこで本章では、こうした公式試合において、野球部員たちの間で慣習化している儀礼的な行為について、それらはどのような過程から何を真理として成立したのかについて、戦前の中等野球の時代に遡りその特徴を整理する作業を行なう。そして、その際、選手の理想とされた公式試合での行動様式についてデュルケームの儀礼論による解釈を試みる。つぎに、現代においても戦前から継承されているような感を受ける高校野球の行動様式について、公式試合における周知徹底事項や用具の使用制限をもとに、ゴフマンの儀礼論を援用して考察する。

## 1. 儀礼の分類

デュルケームは、近世から近代への社会進化の過程で人びとの社会連帯が変化している点について、宗教を理解することが社会的連帯を理解する鍵であるという。そして、宗教が現実的なものを象徴的にあらわしている点を指摘し、近世において個人の人格崇拝を保障するものは社会であり、人びとは集団への所属を望み、凝集性の中で宗教的な社会的連帯が維持されていたと述べている。そして、その中で集合的に遂行されている行為が儀礼であり、それらは道徳感情として社会的結合の証であるといえる。しかし、社会が近代的分業によって複雑化すると、諸個人は異質化し、人間関係の中で互いにその場に合った自我を形成することになる。そして、それとともに人びとは、諸個人の人格を聖なる物として崇拝する。こうした傾向において、他者との間で唯一共有されるものが主体的自我であり、ここに個人主義の原理が成立するのである。

　一方、ゴッフマンはこうしたデュルケーム理論の流れを受け継ぎ、人間関係に見合った自我の形成は、共同的な社会的相互作用を軸に成立している点を指摘している。そして、ゴッフマンは社会を劇場にたとえ、そこでは誰もが他者に理想的な自画像を演示し、そのお返しに他者から自分の好みの自我を受けとるという、相互作用儀礼の理論を展開している。

## 1－1　デュルケームの宗教概念と儀礼

　デュルケームは宗教について、それは信念と儀礼から構成されている点を指摘している。

　そして、宗教的信念の特徴は、世界を聖なるものと俗なるものに二分することにあると示した上で、聖なる世界とは、われわれの日常生活から分離された神聖なものをさし、世俗的な日常生活と区別している。

　また、聖物は神々や霊などの人格的存在のみに限られず、岩、木、泉、礫、木片、家など、要するにどのような事物でも聖物となり得るのである（Durkheim, 1912 = [1941] 1975: 72）。このことについて、デュルケームはオーストラリアの未開社会におけるトーテミズムの研究によって、何が聖物となるかは宗教によって異なるが、宗教思想の存在するところには必ず聖と俗との区別があることを実証している。

　デュルケームによればオーストラリアの部族にとってトーテムとは、聖物としてのトーテム神の象徴であるとともに、氏族の集合体を示す記号、紋章でもあるという（Durkheim, 1912 = [1941] 1975: 199）。即ち、トーテムとは氏族というひとつの社会の象徴でもあるといえる。デュルケームはこの点について、トーテムが「神と社会の象徴であるとすれば、神と社会は一つでないであろうか」（Durkheim, 1912 = [1941] 1975: 373）と指摘している。実際に社会は、神と信者の関係のように、我々の精神に神的な感覚に似た道徳的権威を備えており、我々の行動様式を規定している。こうした点から神と同様に「社会もまたわれわれに永遠の依存感覚を抱かせ」（Durkheim, 1912 = [1941] 1975: 374）るという宗教的な現象を含んでいるといえる。そして、誰もが多くの点で社会に依存しながら生きているのである。

　人びとは社会の象徴とされた聖物に対して、特別の尊敬あるいは畏怖の

態度によって、俗のカテゴリーに属するものと区別をする。「聖観念は人間の思想において常にいたるところで俗観念から分離されているので、」(Durkheim, 1912 = [1941] 1975: 76) 人びとは聖と俗の区別において様々な儀礼を展開するのである。デュルケームはこの宗教的な諸儀礼の機能について「儀礼の機能は、不当な混淆と接近をさけ、これら二領域の一つが他を侵すことを妨げるところにある」(Durkheim, 1912 = [1942] 1975: 118) と示している。あらゆる宗教において、信者たちがそれぞれの聖なるものに対して、常に厳粛な態度で、敬意をもって遂行する特定の宗教的儀礼をともなうという点では共通している（Collins, 1984 = 1992: 48）。そうした儀礼とは、集団内の個人の共通意識を表現する行為であり、身振り手振りを互いに調整しながら、一つの様式を実演する共通の行為である。本書では明治期、大正期、そして戦前の昭和期において保たれていた中等野球のイデオロギーについて、こうした宗教的儀礼の理論によって分析する。

## 1 − 2　日常の相互作用儀礼

　産業社会の発展は社会的分業を複雑化し、諸個人は様々な社会的経験の中で異質化する（Collins, 1984 = 1992: 76）。そして、そうした異質化の進行は、人々の個別化を生み、同時に聖なるものの対象も社会ではなく個人の人格へと転化する（Collins, 1984 = 1992: 79）。このような社会変化の中、ゴッフマンは現代社会において、社会全体をあらわす宗教的な信念や儀礼はあまりにも遠隔化し、聖物に対する宗教的儀礼が希薄化している点に注目をした。

　現代社会は個々人が自分自身に責任をもつ社会である。こうした社会では個々人は自分で考え決定する個人的自我を持つこととなる。そして、人々は個人として自我に従って行動するよう要求されている。即ち、そうした内的自我は、あらゆる聖なる理念がそうであるように、現代の道徳が私たち全員にそれをもつように要求するひとつの理想的な概念となり得るものである（Collins, 1984 = 1992: 82-4）。

　ゴッフマンは、「ある特定の出会いのさい、ある人が打ち出した方針、その人が打ち出したものと他人たちが想定する方針にそって、その人が自分自身に要求する積極的価値」(Goffman, 1967 = 2002: 5) を面子と定義し

た。さらに、「人間の面子は聖なるものであり、だからその聖なるものを維持するのに必要な明示的秩序が儀礼的な秩序なのである」（Goffman, 1967 = 2002: 17）と示している。そして、日常的な会話のなかで、各人が個人的な自我を維持するために、自分の面子はもちろん他者の面子も保つことができるよう礼儀に則して執り行う行為を相互作用儀礼と定義した。諸個人はこうした共同的な相互作用によって、それぞれの場所でそこに見合った自我を形成して理想的自我を提示している。

　本書では、公式試合での規則をもとに、ゴッフマンによる相互作用儀礼の理論を現代の高校野球の世界に援用して分析する。

## 2.　武士道的儀礼から愛国主義の時代

　ここでは、まずはじめに、明治期において野球が中等学校へと伝播した過程を振り返る。次に、中等野球の全国大会が開催される運びとなった経緯と、主催者側におけるその意義について考察を加える。そして、全国大会においてはじめて規定された、公式試合に先立って行われる挨拶などの儀礼的な行動様式から、戦前から戦中にかけての中等野球が何を象徴として展開されていたかについて分析する。

### 2−1　一高式野球による儀礼と信念

　日本にはじめて野球が紹介されたのは、1872（明治 5）年、現在の東京大学の前身である第一大学区第一番中学で、アメリカ人教師ホーレス・ウィルソンが学生たちに教えたのが最初であるといわれている。同校は 1894（明治 27）年の高等学校令によって第一高等学校（以下、一高という）と改称され、そこで展開された野球が一般的に日本の学生野球のはじまりであるとされている。先行研究においては、その多くがこの一高野球部の武士道的儀礼をもった精神主義が、現代の高校野球精神に継承されていると捉えられている。しかし、現在の指導現場においてもそのような精神が、実際に機能しているとは言い難い状況にある。では、一高時代の学生野球とは如何なるもので、何故に今もなお一高式野球のイデオロギーが強調されているのかについ

いて考察を加える。

　1889（明治 22）年、一高は学校の敷地を神田から本郷に移転している。そして、その際に籠城主義のもととなる学生自治寮が設立されている。この自治寮創設時の校長木下廣次の演説筆記は次のような内容である。

　　抑も此第一中学高等學校の生徒は後年社會の上流に立ち學術にあれ技藝にあれ政治にあれ先達となりて日本を指揮するべき人々なり左れは其品行は端正に志は高尚にして他の青年者の標準ともなる（中略）諸君が本校に入りたるは學術競争の結果なり諸君は天下の青年者を相手とし劇しき競争に打勝ちて勝利を得たる人々なり．（第一高等学校編，1939：103）

　この内容から当時の一高は、同世代の青年たちの中から、国家における学術、芸術、政治など、各分野の上層階級を養成する為のエリート校であり、一高生には、特権的な意識が養生されていたことが理解できる。また、同校の校旗は同じく木下の提案によって作られ「護国旗」と名付けられた。木下は「國家の觀念は國人の片時も忘れるべからざるものなり、故に教育者は大に國家てふ觀念の發達を計らざるべからず」（第一高等学校編，1939：194）と述べている。そして、学業のみならず徳育上国家的精神の涵養を大きな目標に掲げ、国家的精神について護国旗の意義を介して次のように表現している。

　　国家の為には同一の精神を以て全校一致身命をも顧みず砲烟彈雨を冒す大決心を起こさしめんが為にして、護国旗の称偶然に非ざるなり．（第一高等学校編，1939：194）

　このように、当時、一高においては、国家と一体化するべく集団的な精神主義がとなえられていたのである。そして、自治寮創設の翌年の 1890（明治 23）年には「文武の緒技藝を奨励する」（第一高等学校編，1939：100）との方針から、交友会が組織されると同時に 9 つの部が設立された。

　当時を知る野球研究者の君島一郎[1)]は、構内に空き地が多くキャッチボ

ールやノックができる場所が増えたことで野球を楽しむ学生も増え、学校側もその人気に乗じて、野球を「新しい武道」として学生の志気昂揚、校風の作興に役立てようとしたことが、さらに校内の野球熱を高めることになったという（君島，1972：94）。また、一高野球のキャッチボールは「命がけの投げ合い」といわれた決闘のような投げ合いを通して心のゆるみを規制し、言葉で覚えるのではなく身体で会得する基本鍛錬法が行われていたと語る（君島，1972：66）。さらに、君島は武士道との繋がりについて、「外来スポーツのベースボールには師範とか道場とかいうものはない。彼らはこうして各自を鍛えあげた。徳川初期からの武芸者達がそれぞれ自己を鍛練した方法とあいつうずるものがある」（君島，1972：66）と述べている。

　以上の点から一高で始まった学生野球が、武士道的な精神、儀礼をもって展開されていたことが理解できよう。一高時代の野球への取り組みでは、武士道的精神を象徴としながら精進することが、集団における国家への信念につながっていた部分として捉えられる。しかし、それは国家の将来を担うことを期待されたごく少数の特権的なエリート階層の学生のみに関係していたことは先に示した通りである。明治期の後半から大正期にかけて野球は上意下達のかたちで私立大学や中等学校、尋常小学校にまで普及する。さらに、有料試合による商業化[2]への移行よって観戦者数が拡大した。そして、この段階において、大衆に行き渡った野球は、もはや国家への信念に繋がる宗教的な役割を果たしていないことは明らかである。それにもかかわらず、何故、一高時代の集団主義や精神主義などを含む武士道的儀礼が、現代においても高校野球のイデオロギーとして賛美されているのだろうか。次節では、こうした疑問点について、第 1 回全国中等学校優勝野球大会が開催される過程に遡り明らかにしたい。

## 2 － 2　武士道的儀礼の衰退と中等野球による再生

　1902（明治 35）年、それまで学生野球の頂点を築いていた一高が、早稲田、慶応に相次いで敗れ、学生野球は「早慶時代」へと入っていく。それとともに、一高時代に築かれた武士道を手本としたイデオロギーも、やがて大衆へと伝播することによって希薄化し、様々な問題を含むこととなる。表 1 － 1

**表1−1. 明治期および大正期における中等野球での主な応援団、選手の不祥事**

| 北海道 | 1909-10（明治42-43）年にかけて札幌一中と北海道師範の応援団同士で紛争がおこり北海道庁によって対抗試合禁止令が出された。 |
|---|---|
| 青森 | 1910（明治43）年、弘前中と青森中の応援団同士で乱闘騒ぎがあり、県知事によって中学校間の対抗試合が一切禁止される。 |
| 千葉 | 1908（明治41）年、佐倉中と成東中の応援団同士が衝突し、県によって対外試合が禁止となる。 |
| 奈良 | 1914（大正3）年、県下最強の天理中において、部員の素行不良により学校側が野球部の解散を命じる。 |
| 鳥取 | 1913（大正2）年、第5回山陰大会で審判の判定を不服とした米子中の応援団が、対戦相手の松江中の応援団に暴行を働き同大会が中止となる。 |
| 香川 | 1917（大正6）年、第3回全国中等学校優勝野球大会の四国予選決勝戦で、丸亀中のプレーが波紋を呼び、県知事によって強制的に没収試合となる。 |
| 熊本 | 1908（明治41）年、全九州中等野球大会の決勝戦において、済々黌と熊本師範との間で乱闘が起こり主催者側が大会の中止を命じる。 |
| 大分 | 1916（大正5）年、大分中と大分師範の対抗試合で応援団同士が衝突し、大分中の野球部が解散する。 |
| 鹿児島 | 1903（明治36）年より第六高等学校の主催によって県下の中等学校連合野球大会が開催されていたが、試合後の喧嘩などが問題となり1907（明治40）年以降13年間にわたって一切の対抗試合が禁止された。 |

資料：『県別全国高校野球史』を参考に作成

は明治期から大正期にかけての中等野球における不祥事の例を示している。

　これらの内容は、大衆化した中等野球への行き過ぎた熱狂ぶりを象徴する出来事であるといえる。そして、そこからは、野球部員が学業を疎かにして野球に偏重するケースや、勝負への強い拘りに対する応援団同士の乱闘など、中等野球の活動自体が学校全体を巻き込んだ問題へと発展していく様子がうかがえる。

　こうした中、東京朝日新聞は1911（明治44）年8月20日から「野球の諸問題」というタイトルで、主に早慶の野球部を対象に「入場料の使途」や「米国遠征と学生の単位取得」、「野球の興行化と選手の虚栄心」などについての疑問点を4回にわたって批判的に連載している。さらに、同社は、序章でも示した通り同年8月29日より、「野球と其害毒」（以下、野球害毒論という）というタイトルで、教育者、野球経験者の意見を22回にわたって掲載してい

る。そして、そこには『武士道』の著者である第一高等学校校長新渡戸稲造
や、学習院院長乃木希典らによる談話とともに、全国の中等学校長に対して
同社が行った、野球がもたらす学生への弊害についてのアンケート結果が掲
載されている

　それらの意見の一部をあげると、「野球選手の不作法」[3]、「野球は日本の
學制に適せず」[4]、「第一に時間を労費す」[5]、「選手悉く不良少年」[6]、「優
等生が落第生になる」[7]など痛烈な批判が多い内容であった。しかしながら、
それから僅か 4 年後の 1915（大正 4）年 8 月 18 日には、同系列の大阪朝日
新聞社によって、現在の夏の甲子園大会につながる第 1 回全国中等学校優勝
野球大会（以下、中等野球大会という）が開催されている。

　当時、既に東京、東海、北陸、大阪、四国などでは、旧制高校や運動具店、
運動雑誌社が世話をして、中等野球の大会が行われていた。さらに、そうし
た状況を踏まえ、大阪朝日新聞社には、戦後、日本高野連の会長に就任する
中澤良夫[8]など、関西の野球を愛する人たちから、全国的な中等野球大会
の開催へ希望が寄せられていた[9]。そして、こうした機運の高まりは、大阪
朝日新聞社が、学生野球に批判的であった東京朝日新聞社と同系列でありな
がらも、中等野球における全国大会の開催に踏みきった要因のひとつとして
捉えられる。

　また、このような経緯からみても、中等野球は、一高時代のようにごく一
部の特権的な上層階級のみで行われていた野球とは違い、関西を中心に大衆
の娯楽として既に人気を博していたことが理解できよう。しかし、大会の開
催にあたり大阪朝日新聞社側は、野球害毒論に対して野球を正当化する役割
を担わざるを得ない状況であったことはいうまでもない。

　大会の挙行を知らせる記事の中には、「野球技の一度我国に来たりより未
だ幾何ならざるに今日の如き隆盛を観るに至れるは伺技の男性的にして而も
其の興味とその技術とが著しく我國民性と一致せんに依るものなるべし」[10]
と謳っており、大会に参集した選手の礼儀作法においては「徳義を基本とし
て善戦し（中略）古武士の感慨も斯くやと偲ばれる」[11]と道徳上の義務を
選手に課すとともに、その象徴として武士道を奨励している点が強調されて
いる。

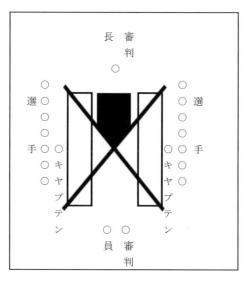

**図1－1. 試合前後の禮式**
出所：1915（大正4）年8月15日 『大阪朝日新聞』朝刊、3面

　図1－1は、大会前に「試合前後の禮式」という見出しで1915（大正4）年8月15日の大阪朝日新聞に掲載された試合前後の整列体系である。そこには、試合の前後に審判員立会いのもとホームベースを挟んで向かい合い、整列をして両チームが礼をするという形式が紹介されている。現代の高校野球にも継承されている試合の前後に行われている儀式は、第1回の中等野球大会ではじめて取り入れられたものである。また、現在では他の階級の野球においても取り入れられているこの儀式は、アメリカのベースボールをはじめとし、それまでには行われていなかった（有山，1997：90）。

　ここで、図1－1とともに掲載された記事の内容を要約すると、第1回大会で定められた試合開始前後の行動様式は次のようになる。最初にキャプテンのみ列より一歩前に出た状態で両チームの挨拶が行われる。次に、審判員が両チームに紹介された後、両チームのキャプテンがそれぞれのチーム名と各選手の氏名を審判員に紹介する。そして、最後に審判員から注意事項が説明されてようやく試合が開始されていた[12]。こうした、中等野球における公式試合での「礼」の実践は、いうまでもなく現在よりさらに丁寧な内容

であったと捉えられる。しかし、現代の高校野球の現場にも精通する「礼に始まり礼に終わる」といった武士道的なイデオロギーは、実際には、先にも述べたようにメディアイベントの開催を正当化する手段として新聞社から発信されたことがその起点であるといえる。

　このように中等野球の現場に武士道的なイデオロギーが注入された時代は、天皇主権の時代であり、天皇を国家の象徴とするイデオロギーが教育現場で教え込まれていたことはいうまでもない。このことから、武士道を中等野球の象徴へと水路づけるカリキュラムの実践は、当時の指導現場において比較的容易であったと捉えることができる。さらに、大正デモクラシーといわれる社会潮流に対抗し、国家への貢献を表現する意味でも武士道という表現は最適であったといえる。

　そして、戦前の中等野球における理想化されたイデオロギーの動向は、昭和に入り戦時色が濃くなる中で、国家主義的な社会の象徴へと置き換えられることによって、大規模な大会を継続することを可能にしていたといえる。例えば、1938（昭和13）年の第24回大会の例をとると、開催前日の打ち合わせの中で中澤審判委員長は「優勝旗よりも至高至純の運動精粋だ」[13]と聖戦の下であることにフェアプレイ精神を強調している。さらに、関連記事においては「精神力」の文字が多く掲載されており、それを育むことが中等野球の役割として位置づけられようとしている内容がみられる。また、同大会では開会式において進軍ラッパ、「愛国行進曲」による入場行進が挙行されるなど、愛国心を大会の象徴として掲げることで、中等野球を通して国民に国家主義的価値を体感させるといった手法が施されたのであった。そして、ここにこれまでの武士道に加え組織内の凝集性を根底とした集団主義的な思考や印象が加わるのである。

　こうした歴史的背景から、戦前の中等野球の現場では、武士道や国家主義的なイデオロギーが集団の象徴として展開されていたことがわかる。そして、公式試合での野球部員の行為は、デュルケームのいう宗教的信念のもとで展開される儀礼と同様に、常に厳粛な態度によって、集団内の共通意識を表現する行為として慣習化されていったのである。また、それらは、実際には国家からではなくメディアが発信したスローガンではあるものの、常にその時

代の国体に見合った内容であったことが、社会的にも受け入れられた要因と
してあげられる。

## 3. 現代の公式試合にみる歴史的継承

　戦後、民主主義へと国体が変化した中においても、高校野球の試合で見る
選手の動きは、われわれに戦前の国家主義的な精神論が継承されているよう
な印象を抱かせる。ここで、そうした傾向を印象づける仕組みについて、現
代の高校野球における公式試合での規則を例に考察することとする。また、
その際、デュルケームの儀礼論からゴッフマンの儀礼論による視座に置き換
え、戦後、聖なるものが個人へと移行し、人びとが互いの人格を尊重しなが
ら繰り返す相互作用儀礼の理論を援用し考察する。

### 3 − 1　ドラマトゥルギー的方法論による舞台設定
　ゴッフマンは、人がある状況の中で何らかの役割を演じ、何らかの仕方で
他者に影響を与える挙動の一切をパフォーマンスと定義している。そして、
パフォーマンスを遂行する者をパフォーマー、他者のパフォーマンスに寄与
する人びとをオーディエンス（観察者）と表現している（Goffman, 1959 =
1974: 18）。この両者の相互行為の観点による分析がドラマトゥルギーによ
るアプローチである。パフォーマーとオーディエンスの関係性をゴッフマン
は対面的相互行為 [14] として以下のように述べている。

　　ある行為主体が特定の役割を演じているとき、彼は自分を観察する人び
　とに、彼らを前にしてつくり出された印象が真面目に受け容れられること
　を暗黙のうちに求めている。観察者に求められていることは、彼らが見て
　いる人物は彼がもっているように見える諸属性を実際にもっているという
　こと、彼が遂行している仕事は、それが暗黙のうちに要求している帰結を
　もつであろうこと、さらに総じて諸事はみかけ通りであること、を信ずる
　ことである（Goffman, 1959 = 1974: 19）。

　個人が他者の面前に登場するとき、様々な身体行為をとることによって自己に関する何らかの情報を表出しているのである。その中で、パフォーマーは、他者に抱かせたい自分の印象を導くために、自身の行為に操作を加えて調整する。ゴッフマンはこのことを印象操作と定義している。たとえば、実際の自分より高い自分を見せることで大きな評価を得ようとする人は、普段より知的な人物を演じ、反対に自分を謙虚な人物であることを伝えたい人は、既に知っていることでも知らないふりをする。このような行為は、いずれも印象操作によるものである。

　自分の行為に操作を加えて他者に何かを伝えようとするとき、パフォーマーによって自作自演のパフォーマンスが他者の面前で実演される。そして、そこに居合わせた他者はオーディエンスとしてパフォーマーを受け入れる。こうした対面的相互行為は、二人以上の複数の人びとが居合わせ相互に観察が可能であるときに生じる（椎野，1991：39）。そして、人びとは相互行為の中で、儀礼的な配慮をもって互いに協力しあい、各々の面子を尊重するのである（草柳，2008：36）。また、ゴッフマンは相互行為の中間に位置し、パフォーマーの実演に協力する人びとにパフォーマンスチームという語術をあてている（Goffman, 1959 = 1974: 93）。

　ここで高校生らしさが演出される高校野球の舞台は、どのような構造であ

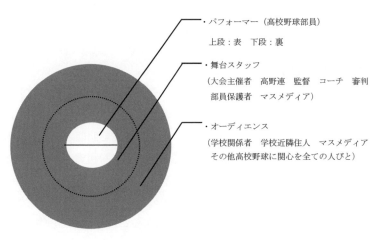

・パフォーマー（高校野球部員）
　上段：表　下段：裏

・舞台スタッフ
（大会主催者　高野連　監督　コーチ　審判
　部員保護者　マスメディア）

・オーディエンス
（学校関係者　学校近隣住人　マスメディア
　その他高校野球に関心を全ての人びと）

**図 1 − 2. 高校野球の演出構造**

るのかについて相互行為儀礼の理論を援用して考察を加える。

　本書において、高校野球の舞台と仮定するものは公式試合である。図1-2は高校野球部員（以下、野球部員という）をパフォーマー、野球部員の行為を構築し、そのルーティンの実践を見守るパフォーマンスチームの人びとを舞台スタッフに、その他をオーディエンスに分類し、それぞれの役割を示したものである。

　パフォーマーである野球部員の行為は、公式試合の場と日常生活では必ずしも一致しない。このことを前提に彼等の行為を2つに分類し、図1-2では円中の上段を表とみなした公式試合での行為、下段を裏として日常生活での行為と仮定した。舞台スタッフは、オーディエンスが野球部員に抱いている表の印象を崩さないために、パフォーマーの「高校生らしさ」を演出しながら高校野球の世界は創造されている。公式試合の現場では、パフォーマーのそうした行為に舞台スタッフからの力が大きく加わることで、野球部員としてあるべき姿が維持されているといえる。そして、オーディエンスは、その行為をパフォーマーの日常としても受け止め、信じ込もうとするのである。オーディエンスからの要求は、舞台スタッフに分類したマスメディアによって創造された映像から多大な影響を受けている。但し、マスメディアは、あるときには舞台スタッフのコラボレーターとしての役割を果たすものの、ときにはオーディエンスに分類され、厳しい批判を下す聴衆へと変貌する不規則性を含んでいることを付け加えておく。

### 3-2　舞台設定─容貌

　高校野球において公式試合とは、主に新チームが結成された直後の秋季から翌年の春季と夏季に行われる3大会である。秋季大会での戦績は同年に行われる明治神宮大会への出場や、翌年の春に甲子園球場で開催される選抜大会への出場に繋がる。春季大会では、各都道府県大会の勝利チームが全国を10ブロックに分けた地域大会を戦い終了する。そして、夏季の大会は3年生にとって最後の公式試合となり、各都道府県のトーナメントを勝ち上がれば、甲子園球場で開催される選手権大会へ出場することができる。さらに、同大会で準々決勝まで勝ち進んだチームを中心に同年秋季に開催される国民

体育大会への出場権が与えられる。

　ここで、日本高野連による公式試合で使用できる用具への規則を見ていくこととしよう。日本高野連ではユニフォームからグラブ、バット、審判用具

**表1−2．高校野球の公式戦における使用用具の制限**

| アイテム | 要項 |
|---|---|
| ユニホーム・帽子 | ・シャツとパンツは同一カラーでなければならない。<br>・表面には、いかなる商標も付けてはならない。<br>・ストッキングは見せることとする。 |
| アンダーシャツ | ・ユニフォーム着用時に見える表面には、いかなる商標も付けてはならない。 |
| ベルト | ・本体同色の型押し以外の商標は付けてはならない。<br>・カラーはブラックまたはネイビーとし、光沢のある素材は使用できない。 |
| コート類 | ・表面には、いかなる商標も付けてはならない。<br>・校名・校章はそれぞれ1箇所まで可とする。<br>・氏名または番号を入れる場合は、袖部のみ可とする。<br>　その大きさは（縦）4センチ×（横）7センチ程度とする。 |
| スパイク | ・表面カラーはブラック一色とする。（2020年からホワイト一色も可能）<br>・エナメル及び光沢のある素材は使用できない。<br>・校名・校章・氏名・番号などの表記はできない。<br>・ラインは両サイドそれぞれ1箇所、本体と同色で入れることができる。 |
| グラブ・ミット | ・本体カラーはブラウン系、オレンジ系、ブラック系とする。<br>・しめひもは本体と同色で長すぎないこと。<br>・表面に氏名・番号その他の文字を表記することを禁止する。 |
| ヘルメット | ・本体はホワイト・ブラック・ネイビーのいずれか一色とする。 |
| バット | ・金属バットの本体色はシルバー系、ゴールド系またはブラックとする。<br>・グリップテープの色は、ブラックまたはブラウン系の単色とし、本体同色の型押し加工のものは使用できる。<br>・バットの先端部分にはモデル名と品名・品番・サイズ・材種のみを表示するものとし、商標は表示できない。この表示の大きさは、バットの長さに沿って縦5センチ、横9.5センチ以内とする。文字の大きさは縦、横ともに2センチ以内でなければならない。 |
| 手袋 | ・カラーはホワイトまたはブラック一色とする。 |
| レッグガード、エルボーガード等 | ・本体はホワイト・ブラック・ネイビーのいずれか一色とする。<br>・表面には、いかなる商標も付けてはならない。 |

日本高等学校野球連盟「2019年度高校野球用具の使用制限」を参考に作成

まで21項目にわたり公式試合での使用制限を設けている。

　表1-2は、選手に関わる用具の使用制限をまとめたものである。その内容は、プロ野球で使用されているような色合いの用具や商標の表示に対する規制が多く含まれている。例えば、2色に分かれたユニフォームは禁止され、グラブや装具類のカラーはわずか2、3色の単色に限るなど、公式試合での選手のスタイルが統一されている。近年、マウスピースやサングラスなどの使用が許可されているが、色・商標に関しては同様の規制が設けられている。

　色合いに対する規制は、プロ野球や社会人野球などと比較して、単色で地味なものに限ることで、あくまでも派手さのない高校生らしさを貫くための演出を担うものである。また、商標への規制には、高校野球が教育の一環であり、商業主義の排除を徹底している点を示すものである。さらに、ユニフォームを着る際、ストッキングをズボンの裾から見えるようにすることなどからは、プロ野球選手のユニフォームの着こなしを真似ることへの防止策であると捉えられ、そこからも職業野球とは一線を画すかたちでの演出が加えられているといえる。

### 3-3　舞台所作―行動様式

　次に、公式試合における行動様式への徹底事項について整理をしていく。野球部員による公式試合での行為は、挨拶や整列、全力疾走などを徹底することで、オーディエンスが自己について抱く印象をより高校球児らしく見えるように演じているといえる。こうした傾向について、杉本は、虚偽の印象操作のための行為であっても、また、たとえ真実の行為であったとしても「高校生らしさ」を演技していることに変わりないと述べた上で、特に、甲子園大会では「高校生らしさ」への迫真の演技をしている自分を演じなければならないと指摘している（杉本 1994：20）。しかし、その内容においては、実際に望ましい行為とされる具体的な行動様式については提示されていない。本書では実際の指導現場での資料をもとによりリアルに分析を加える。また、公式試合での徹底事項を遵守する行為が、結果として演技になるという点を強調するのではなく、あくまでも、野球部員の心の中には演じている意識は

なく、行動様式を純粋に受け入れているにすぎない点を筆者は付言しておく。

　公式試合では、大会規模が県大会から全国大会へと発展すればするほど、演出する舞台スタッフからの要求はさらに高まり、高校野球部員らしさへの役割演技が要求される。そして、甲子園球場で開催される春と夏の全国大会においては、球場そのものが、オーディエンスに抱かせたいリアリティをより鮮明にするための舞台装置[15]として機能しているといえる。

**表1−3. 公式戦における試合を早く進めるための徹底事項**

| |
| --- |
| 1.　試合をテンポよく早く進めるために |
| ①攻守交替時、先頭打者、次打者およびベースコーチは、ミーティングに参加せず速やかに所定の位置につく。タイブレーク時の走者についてもミーティングに参加しない。 |
| ②サインは複雑なものはなくし、速やかに出すように監督に協力を求める。 |
| ③遅延行為と見なされる投手のけん制はしない。（例えば離塁していない走者へのけん制など） |
| ④捕手の動作は機敏にする。（投手への返球、速やかなサイン、用具の脱着、バックアップ、打合せのあと、速やかに守備位置へ戻るなど） |
| ⑤投球を逸した捕手は、敏速にその球を自分で処理する。 |
| ⑥捕手のブロックサインは禁止する。また内野手から投手へのサインは簡単にする。 |
| ⑦内野手が投手へ返球する場合、また、ベースライン（塁線）よりマウンド方向に近づかず、速やかに投げ返す。 |
| ⑧日程、時間に余裕がある場合でもスピーディーな試合進行を励行する。 |

2021年度「高校野球周知徹底事項」日本高等学校野球連盟審判規則委員会

　表1−3は、「公式試合における試合を早く進めるための徹底事項」の内容である。そこには、公式試合における野球部員のスピィーディーな演出がルール化されている点が示されている。8項目の内容には、攻守交替に費やす時間の削減に始まり、攻撃・守備におけるサインの簡略化、投手のけん制、内野手の投手までの返球に至るまで、試合のテンポを上げるためへの徹底事項が記されている。

　日本高野連は公式試合において2時間以内で終了するゲームを奨励しており、特に甲子園大会ではこの点が審判団の評価にも加えられ、試合が厳しくコントロールされている。その他、守備側が三振や内野ゴロなどで1死、2死のアウトカウントを取った後、内野手の間でボールを回す行為は慣習的に

行われているプレーであるが、高校野球の場合には、公式戦で試合時間が長引けば審判員の判断でこれを禁止する。そして、当該試合以前の試合時間が長い場合にもこのルールが適用される場合もある。これらはプロ野球では見られない光景である。

　2012（平成24）年、第94回全国高等学校野球選手権大会（以下、選手権大会という）第5日目第2試合の東海大甲府－成立学園の試合は僅か1時間16分で終了し、戦後2番目となる試合時間の短さで話題に上った[16]。実は、この試合は、第1試合が3時間をこえる試合であったため、当該試合では6回以降はボール回しをさせず、よりテンポアップが図られていた。その上に、予想以上の迅速なゲーム内容が加わったためこのような結果となったのである[17]。

　2019年度の日本プロ野球機構（NPB）12球団における、全試合の9回平均試合時間は3時間21分と高校野球とは比較にならない長さである（山崎, 2020：223）。失策や四死球は高校野球の方が多いにも関わらず、高校野球の目指す2時間以内とは程遠い内容である。プロ野球と高校野球を比較した場合、攻守交替や投手のテンポ、サインの交換の長さなどに決定的な違いが

**表1－4．公式戦におけるマナーへの徹底事項**

| 2．マナーの向上について |
| --- |
| ①投球準備時、打者や次打者などがダートサークル付近に近づき、タイミングを測る行為はしない。 |
| ②走者およびベースコーチなどが、捕手のサインを見る行為、打者にコースおよび球種を伝える行為ならびに打者がベンチに投球のコースおよび球種を伝える行為を禁止する。このような疑いがあるときは、審判員はタイムをかけ、当該選手および攻撃側ベンチに注意を与え、すぐに止めさせる。 |
| ③ベースコーチが、打者走者（走者）の触塁にあわせて『セーフ』のジェスチャーおよびコールをする行為はしない。 |
| ④本塁打を打った打者の出迎えはしない。 |
| ⑤喜びを誇示する派手な「ガッツポーズ」などは、相手チームへの不敬・侮辱に繋がりかねないので慎む。 |
| ⑥投手はロジンバッグを投手板の後方に置き、指先だけに使用し、丁寧に取り扱う。 |

2021年度「高校野球周知徹底事項」日本高等学校野球連盟審判規則委員会

あり、同じ競技であっても、プロ野球はキビキビ感に著しくかけているといえる（山崎，2020：234）。そして、こうした比較からも、公式試合におけるテンポアップは、高校野球がわれわれに与える印象を、さわやかで一生懸命なものへと導いている点がうかがえる。

　表1−4は、「公式試合におけるマナーへの徹底事項」の内容を示したものである。ここでは、試合中での攻撃側と守備側における不平等や、相手チームへの不敬や侮辱に繋がりかねない内容を避けるように徹底された事項が整理されている。

　①〜④はいずれも攻撃側に対する徹底事項である。①では打席に入る前の打者が投球練習中に投手から投げられたボールにタイミングを合わせながらバットを振るなどの行為を禁止している。②では攻撃側の選手が、守備側の捕手のサインや構えを見ること、およびその内容を他の選手に伝えることは禁止である点が明記されている。③においてはベースコーチが審判より先にセーフのジェスチャーをせず、あくまでも審判員に一任する点が示されている。さらに、④は本塁打を打った選手をベンチが手を出して迎えるという、プロ野球でよく見る光景ではあるが、高校野球ではこれを禁止する旨が示されている。因みにホームランを打った選手は、一番手前の入り口から速やかにベンチ内へ帰ることが試合前に審判員より口頭で各チームのキャプテンと責任教師に告げられている。⑤は攻撃側、守備側ともに派手なガッツポーズで喜びを表現してはならない点、⑥では投手に対してロジンバッグ（滑り止め）を丁寧に扱うようにという指示が記載されている。プロ野球の投手がマウンド上でロジンバッグを使用した後に、そのまま下に投げている様子はテレビ中継でもよく見かける行為である。しかし、高校野球ではあくまでも謙虚さをもった態度で用具類を丁寧に扱い、相手チームへの敬意をもって試合に臨むという姿勢がここに徹底されているのである。

　このように、教育の一環としての倫理的側面から公式試合における選手の振る舞いへの規制が多いことも高校野球の特徴のひとつとしてあげられる。そしてその内容から、現代の高校野球は、競技団体や指導者、審判などが舞台スタッフとして様々な徹底事項を設け、野球部員がその内容に沿ってパフォーマーとして役割を遂行することにより構築されている点が映し出され

る。舞台スタッフによって創造された野球部員の「高校生らしさ」は、公式試合という限られた機会によってより発揮されるものであり、そこからは、戦前からのイデオロギーがそのまま継承されているかのような印象をわれわれに与えるのである。

## おわりに

　戦前の中等野球から現代の高校野球に至るまで、それぞれの基軸となるイデオロギーの動向を整理すると次のことがいえよう。明治期の一高時代を起点とする、国家と一体化した集団的な精神主義は、明治の終わりに学生野球が大衆化したことによって希薄化し、生徒の野球への偏重具合等が問題視されることとなる。そして、中等野球においても教育機関等の関係者から一様の批判を受けることとなった。しかし、そうした渦中にも関わらず、中等野球の商業的価値に目をつけた大阪朝日新聞社は、中等野球の全国大会の実施に踏み切ることとなる。そして、その際に同社は、前世における武士道を中等野球の象徴とし、大正期のデモクラシーの中においても、グランド内では武士道的儀礼を展開することで組織内の凝集性を根底とし、中等野球に向けられる批判への抑制を徹底したと捉えられる。

　やがて時代が昭和へと入り、戦時色が濃くなる中においても、そうした凝集性が、国家主義的な社会の象徴へと置き換えられることによって、大規模な大会を継続することを可能にしていたといえる。また、このことはメディアイベントとしての商業主義的なイメージを払拭する手段として機能していることはいうまでもない。さらに、その内部においては、国民は臣民であるというイドラの中で、常に時代に応じた理想像に見合った武士道・愛国主義を聖なるものの象徴に例え、より厳格な行動様式が規格化されていったといえよう。そして、この延長線上に、現在でも高校野球は他競技の部活動とは異なった規律形態をもって統制が加えられている点が見受けられる。

　個人の不祥事の際には、連帯責任を主とした集団的な規律が維持され、長年にわたりプロ野球界との交流を閉じるなど、そこでは、他の競技とは異質の閉じられた世界が展開されているといえる。そして、その上に公式試合に

おいて容姿や行動様式を規定することで、見る側との儀礼的な相互作用をもって、常に「一生懸命」「さわやかさ」を象徴とした、教育の一環としての高校野球が再生産され続けているのである。

　また、そうした印象をより高める役割を担っているのが、第 1 回の甲子園大会の主催者である新聞社を中心としたメディアによる高校野球のドラマ化である。戦前、武士道的イデオロギーをスローガンとして中等野球の全国大会を開催したメディアは、戦後の高校野球においてもそのイメージへの手綱を緩めることはない。むしろ、現代社会にはない武士道的な礼儀作法や集団主義を高校野球の美談として取り上げることで、よりその世界を戦前から変わらぬものとして表現しているといえる。そして、われわれはメディアから発信された内容をもとに、それらを高校野球のイメージとしてそのままのかたちで受け取っているのである。

　以上のような内容を踏まえると、公式試合での野球部員の態度は、戦前のような時代精神へ信念の強さによって示されているものではなく、公式戦での規則に基づいた行動様式をモデルに、高校野球を演出する側と見る側の双方からの要求によって、決められた行動様式を野球部員たちが遵守することで保たれているということになる。即ち、高校野球における慣習的な行動様式は、その外見からは戦前の武士道や精神主義を継承しているようにも見えるが、実際には、競技団体である日本高野連による様々な規則に加え、メディアによる高校野球を印象づける演出によって維持されていると結論づけることができる。

【註】
1)　1887（明治 20）年、栃木県生まれ。日本の野球研究者。旧制第一高等学校では野球部に所属。東京帝国大学卒業後に日本銀行入行。
2)　日本で最初の有料試合は 1907（明治 40）年の慶応大対セントルイス大（米国・ハワイ）の試合であるとされている。
3)　「野球と其害毒」『東京朝日新聞』1911 年 8 月 29 日朝刊, 6 面。
4)　「野球と其害毒三」『東京朝日新聞』1911 年 8 月 31 日朝刊, 6 面。
5)　「野球と其害毒四」『東京朝日新聞』1911 年 9 月 1 日朝刊, 6 面。
6)　「野球と其害毒十一」『東京朝日新聞』1911 年 9 月 8 日朝刊, 6 面。
7)　「野球と其害毒十二」『東京朝日新聞』1911 年 9 月 10 日朝刊, 6 面。

8） 1883（明治 16）年、東京都生まれ。応用科学者。第三高等学校では野球部に所属。1948（昭和 23）年から 1966（昭和 41）年まで第 2 代日本高野連会長を務めた。

9） 「野球人の熱望みのる」『朝日新聞』1978 年 5 月 7 日朝刊，18 面。

10） 「本社主催 全国野球優勝大會」『大阪朝日新聞』1915 年 7 月 1 日朝刊，1 面。

11） 「球戦前の選手茶話会」『大阪朝日新聞』1915 年 8 月 18 日朝刊，3 面。

12） 「試合前後の禮式」『大阪朝日新聞』1915 年 8 月 15 日朝刊，3 面。

13） 「けふ展く白球道場 燃ゆる戦闘意識の精鋭三百」『大阪朝日新聞』1938 年 8 月 13 日朝刊，11 面。

14） ゴッフマンは大まかに、双方が直接身体的に相手の面前にあるとき、それぞれの行為主体が与え合う相互的影響を対面的相互行為と定義する。

15） ゴッフマンは人間の行為の流れがその前に、そのうちで、それに向かって演じられる背景や物理的配置などを舞台装置と定義している（Goffman, 1959 = 1974: 25）。

16） 「東海大甲府 76 分」『朝日新聞』2012 年 8 月 13 日朝刊，20 面。

17） 大会審判員のからの談話。

# 第2章

## 処分規約の運用からみた
## 日本高野連の構造

# はじめに

　高校野球の制度の中で、法的な役割を担うものは学生野球憲章である。その中の規約では、不祥事の処分は各学校単位に任されておらず、競技団体である日本高野連を通して、学生野球協会の審査室に委ねられている。他のクラブの多くが加盟している全国高等学校体育連盟（以下、全国高体連という）では、不祥事の報告は求めるが、処分は基本的には学校に一任されており、その対処は大きく異なっているといえよう。また、高校野球の処分内容は、高等学校の生徒指導において一般的な個人への停学処分とは異なり、野球部を一つの単位とした共同的な「連帯責任」[1] が制度化している。こうした点は、他の多くの競技とは異質であり、高校野球の特徴のひとつとして捉えることができよう。

　本章では、そうした「連帯責任」を伴う厳しい処分制度がなぜ存在しているのかについて考察し、その上で日本高野連という組織のもつ意味を分析する。具体的には、はじめに日本高野連が設立された経緯や処分制度の始まりを明らかにする。次に、処分規約の内容や運用の変遷を分析し、最後にデュルケームによる「国家―中間集団―個人」という中間集団の理論を援用し、日本高野連が公的な教育機関である高等学校の権限を越えて処分制度を制定し、行政やメディア、また商業化から距離をとるといった集団的行為のもつ、組織にとっての意味を明らかにする。

## 1.　日本高野連の歴史と組織

### 1－1　競技団体設立の経緯と規約の成立

　最初に、ここでは日本高野連の歴史を辿りながら処分制度を含んだ規約の成立期について見ていくこととする。

　1915（大正 4）年、大阪朝日新聞社主催のもとに、全国中等学校優勝野球大会が開催されて以来、高校野球の前身である中等野球は、民間のメディアが中心となり大会を催して急速に発展した。しかし、中等野球には現在の日

本高野連のような全国的な競技団体は設置されておらず、興業化の進展や競技への偏重を抑制する規約も設けられないままであった。その結果、学生野球はその健全化を望む文部省（現在の文部科学省）によって統制されることを余儀なくされたのであった。

　1932（昭和 7）年 3 月 28 日、政府によるスポーツ政策の一環として「野球ノ統制並施行ニ関スル件」（文部省訓令第四号）（以下、統制令という）が作成されて、ようやく学生野球に規約が設けられることとなった。しかし、この統制令の中等野球に関する規約には、商業化への抑制へ向けた大会開催の規制や、選手の出場資格などについては明文化されているが、現在の学生野球憲章に記されている、部員の不祥事に対する野球部への処分についての規約は記されていない。

　現在の日本高野連の前身である全国中等学校野球連盟（以下、中等野球連盟という）は 1946（昭和 21）年 2 月 25 日に設立された。中等野球連盟の初代会長には朝日新聞社社主上野精一、副会長には佐伯達夫[2] が推され、戦時中に一時中断されていた全国中等学校優勝野球大会の開催を民主的に実現しようとしたことが、その設立へのきっかけであると捉えられる[3]。そして、同連盟の設立には、特に副会長である佐伯の尽力が大いに寄与している。佐伯は、終戦直後より中等野球の全国大会の復活に奔走し、終戦の翌日、1945（昭和 20）年 8 月 16 日には朝日新聞大阪本社を訪ね、戦前最後の運動部長渡辺文吉に全国中等学校優勝野球大会を再開してほしいと力説し、自らも最善の努力を惜しまぬことを誓った。その後、11 月 1 日に朝日新聞大阪本社に運動部が復活し、運動部長伊藤寛、同次長芥田武夫、同企画部長西野綱三らと大会再開に向けての懇談を重ねるとともに、同月に来阪した文部省体育課長北沢清も、その 3 名の同席のもと懇談をした。その席上において、北沢は「全国中等学校優勝野球大会は戦前の通り、朝日新聞社が単独主催して再開しても何ら差し支えないが、文部省としては、この際、競技団体を作って、実際上の運営は従来通り朝日新聞社が行なうにしても、表面上は競技団体との共催という姿にしてもらった方が一層スムーズにゆくように思う」（日本高等学校野球連盟編，1976：19）と述べている。そして、この内容をもとに中等野球連盟の構想が生まれたのである。また、このことは、国家の

側から統制を解き、民主的な組織を設立することを奨励したと捉えられよう。佐伯は晩年に『日本高校野球連盟 30 年史』の中で、1932（昭和 7）年に制定された統制令について次のように述べている。

　　野球統制令は読めば立派なことばかり連ねられており、その限りにおいては文句のつけようがなかった。しかし、こういったものを作るのなら、何故、その前に、衆知を集めて統括団体をつくるよう指導の手を差しのべてくれなかったのだろう。上から、ぽんと「これでいけ」と押さえつけられた感じは免れなかった（日本高等学校野球連盟編，1976：3）。

　このような内容からは、佐伯の統制令に対する批判的な心情を見ることができよう。また、佐伯は「文部省の不当な介入を招かないためにも、連盟は必要だし、今夏の復活を決定した以上、これに間に合うように中等学校野球連盟を作ろう」（日本高等学校野球連盟編，1976：23）と関係者に呼び掛け、学生野球が再び国家統制に導かれないために、自治組織の設立を急いだのである。また、連盟の創立総会の席上では、「野球連盟は野球人の手で」という申し合わせがおこなわれ、各都道府県においても中等野球連盟を設立していくことが決められた（久保田，1956：219）。
　さらに、中等野球連盟が結成された同年の 12 月 21 日、学生野球全般を指導・統制する機関として学生野球協会が結成されている。同協会が出来るまでの暫定機関であった学生野球指導委員会[4]（1946 年 8 月 26 日結成）の趣意書には、統制令を受けたことへの反省と、選手がスポーツの民主化と自由化をはき違えて堕落していくことを防ぐための旨が記されている（中村，2010：122）。そして、この学生野球協会の設立は、学生野球に関わる教員、生徒、OB などの関係者による自治的活動によって規約を定め、節制と責任を課すといった内容をもって、民間団体が国家統制から離れて実権を持つことへと繋がったのである。また、日本のスポーツの民主化に先立ち、協会の設立とともに成立した日本学生野球基準要綱（以下、基準要綱という）は、「連合国軍最高司令部の積極的な支援と同教育部の J・W・ノーヴィル少佐及びグラハム氏、さらに顧問として在日中のコッポル博士（米国で野球選手とし

て活躍した人）らの好意ある支援の下に協会の規約そのほかを検討、作成した」（日本高等学校野球連盟編，1976：31）とされる。そして、その規約の中に競技団体による加盟校野球部に対する処分制度が確立したのである。

　一方、この基準要綱の成立を受け、文部省は統制令を廃止し「中等学校（旧制）以上の学徒の対外野球試合、これに準ずる行事は、今後日本学生野球協会の自主的統制管理に一任する。地方長官、関係学校は同協会と協力してやってもらいたい。」（日本高等学校野球連盟編，1976：33）との訓令を発している。中等野球連盟においても1947（昭和22）年2月に学生野球協会の傘下に入り、同年に設立した大学野球連盟も加わり、ここに現在まで続く学生野球独自の組織形態が成立したのである。これを図式化して示すなら、図2−1のように整理される。

　その一方で、文部省は1948（昭和23）年6月に全国高体連を創設し、ほとんどのスポーツがその傘下に入ることとなった。しかし、日本高野連はその傘下には入らず、現在まで行政から独立した競技団体として存続している。

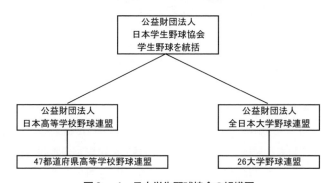

図2−1．日本学生野球協会の組織図

## 1−2　処分を審議する機関について

　次に、野球部に不祥事が生じた場合、どのように手続きがなされるのかについて見てみることにする。日本高野連は加盟各校に対して、不祥事が発生した際には必ず管轄の各都道府県の高野連（以下、地方高野連という）へ文書による報告をする義務を課している。図2−2は、各加盟校において、

不祥事に該当する行為が発生した場合から正式な処分が下されるまでの流れを示している。加盟各校は、不祥事と判断する内容を、高野連規定の報告書に記載し、校長の署名をもって地方高野連に提出する。地方高野連は理事長判断によって、その内容が学生野球憲章に違反しているかを判断し、違反する事実があると考えられる場合には、上部組織である日本高野連に報告する。さらに、日本高野連において、処分申請が必要であるかを審議した上で、必要な場合には学生野球協会へ上申する。

| 日本学生野球協会 審査室 |
|---|
| ・日本学生野球協会に審査員6名以上9名以内を置く |
| ・審査員はこの法人の理事、監事、評議員を兼ねることはできない |
| ・審査は、審査員の過半数の出席をもって行う |
| ・審査室の議事は、出席した審査員の過半数をもってこれを決定する |

↑ 処分申請

| 日本高等学校野球連盟 審議委員会 |
|---|
| ・処分申請を相当とするときに上申 |
| ・注意・厳重注意を相当とするときは都道府県高野連へ通告 |

↑ 報告

| 都道府県高等学校野球連盟 |
|---|
| ・憲章に違反する事実があると考えられる場合 |

↑ 報告

| 加盟校 |
|---|

**図2ー2. 高校野球における不祥事報告後の流れ**

　学生野球憲章第31条では、「処分に関する手続きは日本学生野球協会規則で定める。」[5] と規定しており、最終的に上申された事案は、学生野球憲章の「処分に関する規則」に定められた内容で、審査室の審議を経て処分が決定される。その条文によると、次のように規定されている。

（事案の解明のための措置）
第11条　審査室は、処分申請者、処分対象者またはその他関係者に対して、事案の解明のために、事実関係についての説明および証拠資料の提出を求め、または現地調査をすることができる。

　このように、処分の決定に関しては、日本高野連ではなく、学生野球協会

の審査室が受け持つという構造となっている。即ち処分の内容に関して日本高野連には直接的な決定権はなく、あくまでも、処分対象として上申するかしないかを選別し、実際の処分の決定は、学生野球協会の審査室に委ねているということになる。また、仮に上申する必要がないと日本高野連が判断した場合には、注意・厳重注意の指導を日本高野連が当該校に向けて通達する。審査室では、理事会で選出された 6 ～ 9 名の審査員（任期 2 年）が処分の審議を行う。審査員の専門領域は、野球関係者のみならず、弁護士、法学者、教育学者など多岐にわたり、審査室は協会幹部や理事、傘下にある競技団体関係者から完全に独立した機関として設置されている。審査室会議はほぼ 1 カ月毎に開かれ、そこでの審議によって処分が決定される。但し、大会開催まで期間がなく緊急に処分を決定する必要がある場合については、日本高野連が学生野球協会に緊急審理を申し立てることができるといった、例外への対応が「処分に関する規則」第 6 条 2 によって規定されている。こうした内容から、審査室は、事実関係に基づいて処分を決定する独立した司法機関であるといえよう。しかし、上述した通り、地方高野連から報告されてきた案件が、処分対象になるかどうかについては、日本高野連が判断している（日本学生野球協会編，2011：70）。また、現在の「処分に関する規則」（2010 年 4 月 7 日から施行）が適用される以前までは、日本高野連が事実の確定および処分立案を行い、それを前提として審査室が処分案を審理決定するという運用がなされていた（日本学生野球協会編，2011：70）。これらの点から、実際には、処分の決定は審査室にありながらも、日本高野連による判断に委ねられていることが理解できよう。そして、このような処分への関わりが、現在でも日本高野連の野球部員や野球部関係者に対する権威として捉えられがちな部分であるといえよう。

## 2.　規約の分類と歴史的変化

### 2 － 1　自治組織の持つ規約と審議機関

　次に、不祥事に対処する際の規約について見ていくこととする。

　不祥事とは、ある規約を前提にして成り立っている。そこでまず、それら

規約についてみておく必要がある。高校野球界を拘束するのは学生野球憲章である。同憲章の第6章29条では「日本学生野球協会（以下、学生野球協会という）は、部員または指導者が、本憲章に違反する行為をした場合には、当該加盟校の野球部に対しても処分をすることができる。」[6] と記されている。さらに、第30条②の中には「対外試合禁止」[7] という、一定の期間、他校との試合が禁止となる厳しい処分が設けられている。この「対外試合禁止」という処分は、1人の違反行為によって、全部員が試合に参加する権利を負担する（失う）かたちで「連帯責任」を負う処分である。しかし、学生野球協会の権限で処分できるのは野球部の選手や指導者までである。たとえ試合中の応援団同士の喧嘩（現在の憲章では除外されている）や、選手の両親がプロ球団から金銭を受け取ったことが発覚した場合でも、当該者を処罰することができない。そこでそれらの不祥事に対しても責任主体を野球部にすることで、憲章の効力が届かない者への不祥事を抑止しているのである。

　学生野球憲章における規約の内容は大きく分けて4つに分類することができる。憲章に記載されている順では、第一に学生野球に関わるすべての者に対する心がけや行動についての指針が「学生野球の基本原理」（第1章第2条）として示されている。部員、指導者の暴力行為などはこの基本原理に違反したとされ処分の対象となる。第二には試合、大会運営及び選手資格への規約（第3章第12, 13条）、第三ではプロ野球との関係や高校野球を通じた商業主義的な利用や経済的対価を伴うことへの禁止（第4章第14, 15条）など、「アマチュアリズム」関連への規約が設けられている。そして、第四はこれら第一から三までの規約に違反した際に下される処分についての規約（第7章第29, 30, 31条）である。このように、第三までの規約に違反することが不祥事となり、「連帯責任」を含む様々な処分が下されるのである。

　次に処分についてその詳細をあげる。不祥事を起こした際に処分を受ける対象は個人、野球部、学生野球団体の3つである。この場合の個人とは部員、指導者、審判員および学生野球団体の役員までの範囲を指す。野球部については所属する部員、指導者に加え、当該校の応援団、野球部関係者以外の教職員[8] の違反行為によっても処分される。また、後者の応援団や野球部に直接関係をしていない教職員の不祥事については、当該者は処分の対象には

ならず、野球部もしくは指導者が処分対象となっている[9]。

　処分の内容は処分対象によって異なり、個人への処分は「謹慎」、「登録抹消・登録喪失」および「除名」、野球部への処分には「対外試合禁止」ないし「登録抹消・登録資格喪失」とされている。野球部に対する対外試合禁止処分の期間は、不祥事の内容に応じて短いもので 1 カ月、最長は 1 年にまで及ぶ。前学生野球協会会長であり、2015（平成 27）年 9 月から 2021（令和 3）年 11 月まで第 7 代日本高野連会長を務めた八田英二は、ある雑誌での対談において、「審査室会議は、過去の例に照らし合わせて処分を決めています。かなり厳密にやってくれています。過去に倣って不公平にならないようにしていると思います」[10]と学生野球協会の審査室会議が科す処分の公平性について述べている。

## 2 − 2　処分規約の変化

　現行の学生野球憲章における処分の規約は、1946（昭和 21）年に制定された基準要綱の規約を基に、時代背景に応じて 10 回の改正を経たものである。改正を経た規約の内容を見ていくと、1950 年代から 70 年代までは強化され、その後 80 年代からしだいに緩和されていく様子がうかがえる。1950（昭和 25）年に制定された内容では基準要綱の 11 項に基づき、「警告」「謹慎」「出場禁止」「除名」という処分が選手と野球部のみを対象に施行されていた（日本学生野球協会編，1984：62）。この時代の規約では、指導者の暴力などによる不祥事や、生徒が組織する応援団が憲章に違反した場合でも、処分を受ける対象は選手、野球部のみであるという選手側に立てば理不尽なものであった（中村，2010：178）。また、現役部員のプロ入団に関して、プロテストの受験、正式な契約、たとえ口約束であっても入団を約束した場合には、高校野球の選手資格を失うという規約が設けられ、アマチュアリズムの徹底が施された（佐伯，1980：202-3）。

　このような成立期の内容に対して、1965（昭和 40）年の改正では、野球部長、監督、コーチも野球部を構成するという点では、選手と区別できるものではないという観点から、これらの者も処分の対象へと加えられた。さらに個人的な非行に対して、その内容が野球に関すること、または野球に関わ

らないことのいずれの場合であっても、学生野球の健全な発展を阻害すると認められたならば、その者の所属している野球部が処分の対象となることが明記されている。そして、生徒以外の学外者で組織された応援団の行動についても、憲章違反があった場合には野球部、部長、監督が責任を負うものであるという内容が加えられた（日本学生野球協会編，1984：190）。

　また、プロ野球との関係において、成立期には部員が試合をしたり、コーチを受けたりすることの出来ない者を「職業選手又は職業選手たる者」と規定していたが、この改正では「監督、コーチ、審判員その他直接に職業野球の試合若しくは練習に関与している者又は関与したことがある者」にまで拡げられた。さらに、これらの者との試合やコーチを受けることの禁止に加えて練習をすることや審判を受けることも禁止するという、ほぼ断絶を意味する厳しい内容へと変更された（日本学生野球協会編，1984：189）。このように、規約の内容は成立期から年月を経てしだいに強化されていったのである。

　しかし、こうした日本高野連の厳しい処分主義体制も、1980年代頃を境にしだいに緩和傾向へと向かうこととなる。その例として、1983（昭和58）年に日本高野連は学生野球憲章の規約を適用する以前に、独自の判断をもって下す処分として「厳重注意」を創設したことがあげられる（中村，2010：191）。この処分は現行の学生野球憲章には規約として制定されているが、当時は規約には含まれない日本高野連独自の処分制度であった。以後、日本高野連が軽微と見なした不祥事については、審査室に上申せずに日本高野連から当該野球部へ「厳重注意」が通達されることとなった。そして、この制度ができたこと自体、連帯責任を伴う処分が軽減されることへと繋がったのである。一方、それまで断絶が続いていたプロ野球との関係においても、1984（昭和59）年に高校野球への特例措置として、職業野球に関係した者であっても、高等学校の教員として10年以上在籍し、審査室によって適正を認められれば、学生野球資格を回復して高校野球の指導者となる途が開かれた。さらに、教員として必要な在籍期間は、最終的には2年にまで短縮された後、2012（平成24）年からは教員としての在籍期間が不要となり、3日間の指導者講習を受けることのみでアマチュア資格を回復できる制度が施

行されている [11]。

　さらに、2010（平成 22）年に全面改正された現在の学生野球憲章では、処分への規約についても、その一部が緩和されている。その規約では、「学外者の憲章違反行為」が処分対象から外されたほか、野球部への「警告、謹慎、出場禁止、除名」処分が、「対外試合禁止、登録抹消、登録資格喪失」に改正されている。これについて、「学校教育の一環たる部活動自体を制限する処分を課すのは権限をこえていると考えられるので、野球部の活動自体を制限する「謹慎」を処分から外した。」（日本学生野球協会編，2011：67）と『学生野球要覧』では解説されている。また、「除名」に関しても、野球部を構成する部員は変動することに鑑み、再度の登録を許さないことは不適切であると判断され削除されている。すなわち、「謹慎」、「除名」は個人への処分のみに適用されることとなった。また、処分を科すだけではなく、「注意・厳重注意」による対応を日本高野連の権限によって決定できる制度が学生野球憲章の規約に新たに加えられている。

## 3.　処分運用の変化

### 3 － 1　歴史的統計にみる変化

　前節で述べた規約は、その変化の中で、実際に何に対して、どの程度の件数が対象となっているのだろうか。次に 1950 年から 10 年毎の処分内容を見ながら考察を加えることとする。

　不祥事処分の理由については、社会的な要因に伴い時代によって様々である。表 2 － 2 は 1950 ～ 2018 年までの不祥事について内容別に分類し統計したものである。さらに、その中で最も厳しい「対外試合禁止」処分が科された件数と不祥事全体に対するその割合を示している。

　不祥事の件数は、1980 年代以降大幅に増加しているが、この点について中村は「以前は不祥事と考えられなかったものが不祥事ととらえられるようになったことが大きな要因だと考えられる」（中村，2010：193）と分析している。たとえば、近年、指導者からの体罰や上級生からの叱咤などが、暴力やいじめとして強く問題視されるようになっていることがあげられよう。

また、同年代以降、野球部員数は増加傾向[12]にあり、このこととも比例していると捉えられる。また、2000年以降は不祥事の報告件数において更なる増加がみられるが、これには、日本高野連が不祥事の報告遅れに対しての処分を強化したため、逆にそれを避けるために各校からの報告件数が増えたことに比例している（中村，2010：194）。

表2－1　不祥事処分理由の統計と「対外試合禁止」処分の割合

| | 1950～59 | 1960～69 | 1970～79 | 1980～89 | 1990～99 | 2000～09 | 2010～19 |
|---|---|---|---|---|---|---|---|
| 部員の暴力 | 6 | 25 | 24 | 183 | 161 | 479 | 264 |
| 指導者の暴力 | 2 | 6 | 2 | 30 | 55 | 276 | 440 |
| 部員の犯罪・非行 | 13 | 13 | 90 | 123 | 104 | 422 | 194 |
| 指導者の非行 | 0 | 2 | 25 | 32 | 32 | 54 | 61 |
| 試合でのトラブル | 32 | 14 | 0 | 0 | 2 | 2 | 0 |
| プロアマ規定違反 | 10 | 7 | 0 | 2 | 0 | 17 | 4 |
| その他 | 18 | 4 | 0 | 12 | 21 | 73 | 258 |
| 合　　　計 | 81 | 71 | 152 | 382 | 383 | 1323 | 1221 |
| 対外試合禁止（件数） | 10 | 53 | 139 | 156 | 96 | 341 | 372 |
| 対外試合禁止（割合） | 12.3% | 74.6% | 91.4% | 40.8% | 25.1% | 25.8% | 30.5% |

日本学生野球協会「高校野球　不祥事発生状況一覧」1984、中村哲也「1980年以降の高校野球処分理由」2010、日本高等学校野球連盟「不祥事発生件数の推移（平成17年度〜26年度）」、「不祥事発生件数の推移（平成21年度〜30年度）」を参考に作成

　一方、「対外試合禁止」処分の不祥事全体に対するその割合は、1960〜70年代にかけて大幅な増加傾向がみられる。このことには大きく2つの要因があげられよう。1つ目は前章で述べた通り規約の中で処分対象の範囲が拡げられたことにある。そして、2つ目には、日本高野連の設立時より副会長に就任していた佐伯が第3代会長（1967〜80年）をつとめたこととの関係があげられる。佐伯は「連帯責任」を伴う厳罰規定を奨励した人物である。佐伯によれば、不祥事処分の緩和を求める要求については徹底的に批判する姿勢を見せ、教育的立場にあまい考えが通ってしまっては教育の効果はあがらないという考え方を示している。さらに、処罰の対象になる事案が生じた際に、当該者が痛みを感じないような罰は意味がなく、人を立ち直らせるた

めに罰を科すべきと主張している（日本高等学校野球連盟編，1976：3.4）。
そして、佐伯の退任後に「対外試合禁止」処分は、その割合でみると大きく
減少している。この傾向には、1980 年代に入り、佐伯の後任として第 4 代
会長に就任した牧野直隆[13]が、佐伯時代の処分主義的な対応からの方向転
換をはかったことが大きく影響している。牧野は処分についてチャンスを奪
うのではなく、頑張る機会を与えるべきだという考えを示した（毎日新聞社
編，2008：247）。牧野は自著の中で、会長時代、不祥事のうち悪質でない
ものには、「連帯責任」を負わせないようにするとともに、個人的問題によ
って野球部に「出場禁止」という処分は出さなかったと語っている（牧野，
2003：159）。さらに、日本高野連で長年にわたり審議委員長や副会長を歴
任した西岡宏堂は、2008 年の段階で、個人的問題で「連帯責任」を問うこ
とはないという処分傾向を示している（毎日新聞社編，2008：247）。この
ような運用面における観点の変化が、1960 〜 70 年代と比較して、不祥事件
数に対する「対外試合禁止」処分の割合が大きく減少していることに寄与し
ているといえる。

## 3 − 2　具体的事例の検討

　次に、処分内容の変化について、各年代の事例をもとに、「連帯責任」を
伴う処分が緩和される傾向を探りながら見ていくこととする。まず学生野球
憲章が成立した 1950 年代には、今ではほぼ見られることはない審判の判定
をめぐって、応援団がおこしたトラブルによって、野球部が処分を受けるケ
ースが多発している。1950（昭和 25）年夏、富山県営球場で行われた北陸
予選 1 回戦、高岡東部（現・新湊）対武生の試合では、審判の判定に不満
を持った高岡東部の応援団が審判を殴り、ファン 5 人が暴力行為の疑いで
逮捕された。この事件では、一部の選手もバットを持って加わっており、同
校野球部には「除名」という最も厳しい処分が下されている（佐伯，1980：
172）。また、1954（昭和 29）年 8 月、岡山市で行われていた中国予選、関
西対米子東の試合中に、関西高校の応援団が審判の判定を巡り試合を混乱さ
せたため、同校野球部には 1 年間の対外試合禁止という処分が下された。さ
らに岡山県下すべての加盟校に対しても、同年 10 月 16 日から 12 月まで県

内の試合を中止するという、事件と無関係な高校にも処分の範囲が広げられるという裁定が下された[14]。

　1960年代に入ると、試合でのトラブルはしだいに減少するが、プロ・アマの規定への違反が目立つこととなる。このことは、戦後プロ野球の経営が軌道に乗りだし、優秀な選手に対するスカウト活動が活発化したことを示している。1961（昭和36）年の高田（大分）[15]、1964（昭和39）年の北川工（広島）[16]では、3年生の現役選手がプロと契約したことが規約違反となり、後輩である次学年のチームが1年間の「出場禁止」処分を受けている。

　1970年代では、部員の暴力行為や無免許運転が増加傾向にある一方で、指導者の暴力や飲酒運転などの憲章違反によって野球部が処分されるケースも増加傾向にあった。1971（昭和46）年の平安（現・龍谷大平安）[17]、1976（昭和51）年の根室では、野球部長の飲酒運転によって野球部に「出場禁止」の処分が科されている[18]。1965（昭和40）年に改正された学生野球憲章では当該の指導者のみに処分を科すことが可能であったが、実際の処分の運用では「連帯責任」によって選手が大会や練習試合に参加する機会が失われていた。

　1980（昭和55）年夏、横浜・保土ケ谷球場で行われた神奈川県大会3回戦東海大相模対三浦の試合中、東海大相模の監督（25）が制球難からピンチを招いた投手に対して往復ビンタをし、この模様が中継中のテレビ画面に映し出されたことで批判の声が高まった。同校は大会出場を辞退し、その後、野球部には半年間の「出場禁止」処分が下された[19]。牧野が会長に就任（1981年）する以前の1970年代まで、規約と同様に運用面においても、こうした厳しい処分が下されたことには、前節で述べた佐伯の思想が大きく影響しているといえよう。

　これに対し、ここで西岡のいう近年の処分傾向についても、事例をもって示すこととする。2012（平成24）年夏、甲子園大会に出場していた作新学院では、大会でベンチ入りしていない2年生が、大会中の8月10日に宇都宮市内で通行中の少女（16）に抱きつき、膝などに軽傷を負わせ、現金数千円を奪ったなどの疑いで逮捕された。その際、大会本部は「学校外における個人の事件であり、チームとしての責任が問われるものではないと考えて

いる」[20]と説明し、翌月の高野連の処分は部に対する厳重注意に留められ、「対外試合禁止」といった連帯責任は下されていない。また、2014（平成 26）年秋季四国地区高校野球大会準決勝の試合中、今治西（愛媛）の野球部監督（43）がベンチ裏の選手控室で、選手（2 年）の顔を平手で 3 回ほどたたいた件では、監督は謹慎となったが、野球部は翌年の選抜大会に出場している[21]。いずれの場合も 1970 年代までの運用とは異なり、個人の問題として連帯責任は科されていない。これらの事例は、学生野球憲章の規約に対して、不祥事に複数の部員が関わっていない場合には、その運用において処分が緩和される傾向にあることを示している。

　さらに、不祥事を起こした部員が複数であるにも拘わらず、運用面ではさらなる緩和が見られた例もある。2008（平成 20）年 6 月、龍谷大平安高校で起こった暴力事件への高野連の応急処置では、学生野球憲章の規約にはない判断が下されている。同校では 2 年生部員 5 人が 1 年生部員 11 人に対して、同年 4 月から 6 月にかけて生活態度を注意する際にバットで尻をたたくなどして、そのうち 1 人に怪我を負わせた[22]。過去の例に照らし合わせれば、関与した部員の人数や回数などからみて、連帯責任を伴う「対外試合禁止」の処分が科される内容である。しかし、日本高野連は 3 年生が関与していないことから、夏の大会には 3 年生だけで参加することを認めた。日本高野連が不祥事における対応を、学年によって分けた例はこれが初めてであった。このことに対して、西岡審議委員長（当時）は「これまでも「最後の夏」を奪っていいのか、という議論は常にあった。」と語り、憎しみだけが残るような措置では、3 年生の思いが逆の方向に働きかねないという教育的な配慮が、大きな方向転換につながったとされている[23]。以後、3 年生のための学年別の対応は夏の大会のみに適用されることとなった。このような事例からは、佐伯の時代の原則論に基づく一貫した処分内容とは異なり、処分の根拠に対して状況適応的な判断が下される傾向にあるといえよう。

　このように、「連帯責任」を伴う処分は、現在、その運用面において新たな救済措置を設けるなど緩和傾向にある。しかし、制度自体を撤廃するには至っていないため、処分制度は温存された状態であると捉えられる。

## 4. 連帯責任を伴う処分制度維持への背景と要因

　このように「連帯責任」を含んだ処分制度は、その規約や運用面において変化しながら、今もなお競技団体である日本高野連によって維持されている。そして、こうした処分制度は、近世日本の村落共同体における五人組制度 24) などにも似た前近代的な印象を受けるが、先に述べた通り、この制度は戦後の民主主義のもとで、民主的に成立した競技団体が、独自に制定した自主規制であるということが理解できよう。では、何故このような厳しい処分制度が、公的な教育機関である学校の生徒指導から独立して維持されているのであろうか。ここではその要因について大きく 3 つに分類をし、理論的な視点から考察を加えることとする。

　まず 1 つ目は、高校野球が「教育」の一環 25) であるという競技団体側による観点である。この場合の「教育」とは、高校における教科や課外活動としての「教育」ではなく、高校野球自体が高校から独立した「教育」であるということを示している。そこには、戦前に学生野球が文部省によって統制されたことへの反省から、日本高野連は文部省から独立した教育的機関であるという、統制に対する対抗的な観点が含まれている。このことが高校で行われている課外活動でありながら、高校野球だけが生徒指導上の処分とは別に、競技団体が独自に処分を科すという、教育的な自治が展開されている要因として捉えることができる。この件に関して、前節で示した通り高野連の設立に最も関与し、厳しい処分を奨励した佐伯もまた、「連帯責任」を伴う処分制度を教育罰であると述べている（日本高等学校野球連盟編，1976：5）。このように、加盟校の不祥事の処分を学校だけの管理に委ねず、競技団体で行うという制度が確立されていることには、先にも述べた通り、戦前の文部省による統制への反省から、日本高野連があくまでも学校制度とは異なる教育機関であり、規約や処分運用においては一切の交わりを持たないという姿勢が大いに含まれていると捉えられよう。また、実際に高等学校においても、在学生を個別に管理することを前提としながらも、日本高野連の処分制度を認知し、野球部員に関しては、競技団体が野球部を一つの単位として直接的

に管理するという体制が許容されているのである。そして、野球部員の非行があれば学校側は校内の処分だけではなく、日本高野連からの処分を気にかけなければいけない。

　2つ目は行政への対抗である。戦後、日本高野連が文部省の下部組織である全国高体連の傘下へ編入されることを拒み、行政的統制から独立する方針を貫き通したことも、その要因のひとつとして捉えることができる（佐伯，1980：159-65）。全国高体連との問題について、佐伯は自著の中で次のように述べている。

　　高等学校体育連盟ができたのは、学制改革のあった二三年六月、ほとんどのスポーツがこの高体連の組織下に入ったことから、野球連盟をもその傘下に入れようとして、何かと申し入れて来た。文部相も「高野連は高体連に吸収されることが望ましい」と話しかけて来たが、私は取り合わないでいた。（佐伯，1980：160）

　こうした文部省や全国高体連の動きは、文部省側から統制令を廃止し、野球関係者を中心として民主的に中等野球連盟を設立することを奨励した趣旨に背く行為であることはいうまでもない。また、同時に、日本高野連と行政との間に確執を生む要因になったことが、佐伯の言葉からもうかがうことができよう。そして、こうした行政との関係は、日本高野連が、現在でも全国高体連とは交流を持たず、文部科学省に対しても自立的な分権団体として存続していることの要因であると捉えることができる。

　そして、3つ目は、高校野球がメディアとの関わりの中で、商業主義的な要因を如何に抑制していくかという課題である。高校野球は戦前の中等野球の時代から、民間のメディアが中心となって発展してきた。そして、学校教育における課外活動でありながら、スペクテイタースポーツとして多大な価値を生み出してきたといえる。現在でも、高校野球は、甲子園球場で開催される春夏の全国大会を頂点として、観客動員数やメディアでの放映時間数では他の高校スポーツを圧倒している[26]。このことから、高校野球が他競技では見られない過剰な期待や注目を浴びる立場であることが理解できる。こ

れらの点から、日本高野連は加盟校に対して、学生野球が興行化することがないように、「新聞・通信・テレビ・ラジオ・出版などに関する原則」という規約を設けている。その内容は、部員（マネージャーも含む）、監督、部長、コーチが、対価を得ての出演や取材協力を規制し、対価を得ない場合でもニュース報道を除き学生野球で得た名声を利用することや、学生野球に関与している事実を示して出演や取材協力をすることを制約するものである。また、取材協力について加盟校個々の可否判断を禁じて高野連の事前承認を必要としている（日本学生野球協会編，2011：58-9）。

　このように、上述した3つの要因への対処として、日本高野連は処分制度を障壁として高校野球の世界を守っているといえよう。そして、このことから日本高野連は、国家の管轄下にある高等学校や、高体連への吸収を望んだ国家機関である文部科学省と、高校野球に関わる個人[27]を媒介する中間集団であるという点が見えてくる。中間集団とは、国家と個人を媒介する集団であり、個人の生活欲求を充足する機能と、全体社会の秩序を維持する機能をもつような地域の民間団体や企業、宗教団体などをさす（見田他編，1988：606）。デュルケームは「国家－中間集団－個人」という問題を立て、国家の圧力から個人の自由を守るためには、中間集団が必要であると述べている（Durkheim, 1950 = 1974: 99）。しかし、その一方で、中間集団の自立性が高まり、国家や他の諸集団との間で社会的な力が相互に拮抗し合わない状態になると、中間集団の統制力は高まるが、しだいにその成員を圧迫し、彼らの自由を妨げていく可能性があることも指摘している（Durkheim, 1950 = 1974: 97）。

　これらの観点から見ると、日本高野連は、戦前の国家統制から中等野球を守るかたちで設立された中間集団であるといえよう。そして、中間集団であるがゆえ、国家や他の中間集団である民間のメディアに対して自らの統制力を誇示する必要があるのではないか。すなわち外部の統制から自らの団体を守るために、外部にはない厳しい処分を設けることでより強力な統制を及ぼす必要があったのである。つまり、「連帯責任」を伴う処分制度は、外部に対する防衛の役目を担っており、かつ日本高野連の統制力を強化し自立性を高める仕掛けとして機能していると考えられる。しかし、その一方で、「連

帯責任」は不祥事に関係していない部員にとっては自由の妨げであるともいえる。また、日本高野連が処分の規約や運用を強化して統制力を高めた時代（1946 〜 80）は、我が国の高度経済成長から安定成長の時代でもあった。産業社会においては生産主体の社会であり、個人の連帯意識も現在よりは高く、地域社会での自治組織や職場の労働組合 28) といった各中間集団が相互に拮抗し合い、個々の問題への防波堤として機能していた時代である。しかし、1980 年代以降、それまでの生産中心の社会は、産業構造のソフト化・サービス化が中心の社会へと変化していく。そして、その内部では合理的な個人主義が台頭することで、集団における集合的意識がしだいに希薄化する傾向を辿る。その結果、個人が尊重され、自己実現のために必要か不要か、納得できるかできないかによって、あらゆる物事が選別される時代へと変化したといえよう。こうした社会的背景の変化のなかで、日本高野連が厳しい処分制度によって統制力を高めることは容易ではない。近年の処分運用における緩和は、こうした社会構造の変化への対応として捉えられよう。

## おわりに

　本章では、高校野球において「連帯責任」を伴う処分がなぜ維持されているのかについて明らかにすることを目的とした。まず日本高野連の設立と処分制度の始まりを明らかにし、つづいて処分規約の内容とその運用について、歴史的変遷を通して分析を加えた。そして、最後に中間集団論の観点から日本高野連が処分を維持する理由について検討した。その結果、競技団体である日本高野連は、戦後の設立期から現在に至るまで、行政から独立した自立性の高い組織であり、行政機関と個人（野球部関係者）を媒介する中間集団であると捉えることができる。そして、その中で「連帯責任」を伴う処分は、集団の成員に対する統制力を高め、日本高野連が中間集団としての自立性をより強化するための仕掛けとして大いに機能してきたといえる。またそこには、戦前、中等野球が国家に統制された歴史への反省が含まれていたのである。

【註】

1) 広辞苑によると、「連帯」とは「二人以上が連合してことに当たり同等の責任を帯びること」とされている。また、「連帯責任」とは「連帯で負担する責任」と示されている。本書では、野球部の不祥事に関わっていない他の部員も同等の責任を担うことになる「対外試合禁止」処分を連帯責任と分類している。

2) 1893（明治26）年、神戸市生まれ。市岡中から早稲田大学に進学し野球部の三塁手として活躍した。1920（大正9）年の「第6回全国中等学校優勝大会」から大会委員、審判委員を歴任し、1925（大正14）年「第2回全国選抜中等学校野球大会」の選考委員となる。1946（昭和21）年、中等野球連盟結成と同時に副会長に就任。1967（昭和42）年から80（昭和55）年まで第3代日本高野連会長を務めた。

3) 「中等学校野球連盟創立」『朝日新聞』1946年2月26日朝刊，3面。

4) 学生野球指導委員会の委員長には法学者で早稲田大学野球部部長外岡茂十郎が就任し、佐伯達夫も常任理事として加わり「基準要綱」作成に加わっている（中村，2007：28）。

5) 前掲　第29条　2010年2月24日。

6) 前掲　第29条　2010年2月24日。

7) 前掲　第30条　2010年2月24日。

8) 校務分掌において野球部部長・監督・顧問以外の教員を指す。

9) 学生野球憲章第29条3項においては、「加盟校の設置する法人の役員または前項以外の教職員、応援団もしくはその他学校関係者が、本憲章に違反する行為をした場合には、当該加盟校の指導者または野球部に対して処分することができる」と記している。

10) 報知新聞社、2016、「日本高野連・八田英二会長インタビュー」『報知高校野球3』、148頁。

11) 「高校野球指導　雪解け」『毎日新聞』2013年1月18日朝刊，19面。

12) 日本高野連による部員数統計では、最初に行った1982年の117,246人から、2014年には170,312人と過去最大人数に至るまで、部員数はほぼ毎年増加する傾向がみられた。「部員統計」，日本高等学校野球連盟，http://www.jhbf.or.jp/data/statistical/index_koushiki.html.

13) 1910（明治43）年、鹿児島市生まれ。慶応大学時代は野球部主将として活躍。1960（昭和35）年から日本高等学校野球連盟の理事、副会長、会長代理を歴任し、1981（昭和56）年から2002（平成14）年まで第4代日本高野連会長を務めた。

14) 「岡山県年内は試合禁止　高校野球、関西高校応援団乱闘事件で処分」『朝日新聞』朝刊6面、1954年10月16日。

15) 「高田高（大分）に出場停止　門岡のプロ入り高野連から警告」『朝日新聞』

1961 年 8 月 24 日朝刊，9 面：「大分県高田高の出場停止　門岡投手問題で処置」
『朝日新聞』1961 年 11 月 15 日朝刊，7 面。

16）「北川工の対外試合禁止　学生野球協会決定」『朝日新聞』1964 年 10 月 1 日朝
刊，13 面

17）「甲子園大会出場辞退　平安高校、対外試合も自粛」『朝日新聞』1971 年 6 月
5 日夕刊，8 面

18）「高校野球で対外試合禁止処分」『朝日新聞』1976 年 5 月 7 日朝刊，17 面。

19）「東海大相模が辞退　監督のビンタ、TV に映る」『朝日新聞』1980 年 7 月 24
日朝刊，22 面。「東海大相模など対外試合禁止処分　日本学生野球協会」『朝
日新聞』1980 年 10 月 31 日朝刊，17 面。この時代から新聞紙面では「対外試
合禁止」という表現が使われているが、当時の正式な処分名は「出場禁止」
である。

20）「作新の野球部員強盗容疑で逮捕」『朝日新聞』2012 年 8 月 18 日夕刊，10 面。

21）「愛媛・今治西監督、選手を平手打ち　日本高野連に報告へ」『朝日新聞』
2014 年 11 月 6 日朝刊，23 面。

22）「龍谷大平安野球部　2 年生暴力　夏の大会 3 年生のみ　高野連決定」『朝日新
聞』2013 年 6 月 26 日朝刊，34 面。

23）「高野連『最後の夏』思い尊重　不祥事処分基準転換　龍谷大平安野球部問題」
『朝日新聞』2008 年 6 月 26 日朝刊，21 面。

24）歴史学者の煎元は、近世の農村における 5 人組の役割について、土地売買に
関する連帯保証や年貢納入上の共同責任であり何れも領主側の強制が大きく
関わっていると指摘している（煎元，2009，119-26）。特に後者は 2 人が年貢
を納められない場合には、残りの 3 名でその分を納めなければならず、義務
の履行を高めるものであり、集団としての責任を確立する。また、煙草禁制
（1615）においては、5 人組が死刑で連座するという徹底がはかられている（煎
元，2009：36）。

25）学生野球憲章の冒頭には「国民が等しく教育をうける権利をもつことは憲法
が保障するところであり、学生野球は、この権利を実現すべき教育の一環と
して位置づけられる。」と記されている。

26）序章注 6 において示した通り、高校野球、高校サッカー、高校ラグビーの全
国大会での観客動員数を比較した結果、高校野球が圧倒多数であった。

27）この場合の個人は野球部員、野球部部長、監督、顧問のことを指す。

28）厚生労働省「労働組合基礎調査」による労働組合の推定組織率（各年 6 月末
組合員数を総務省統計「労働力調査」の各年の雇用者数で除し，100 を乗じて
算出）は以下の通りである（公益財団法人矢野恒太記念会編，2020：84）。

**表 2 - 2.　労働組合の推定組織率**

| 年　　　　度 | 1970 | 1980 | 1990 | 2000 | 2010 | 2019 |
|---|---|---|---|---|---|---|
| 推定組織率（％） | 35.4 | 30.8 | 25.2 | 21.5 | 18.5 | 16.7 |

厚生労働省「労働組合基礎調査」（2019）による。

# 第3章

高校野球における
プロ・アマ問題

# はじめに

　2013（平成 25）年 1 月 17 日、東京都内で開かれた「学生野球資格に関する協議会」において、それまで元プロ野球関係者[1] が、高校野球の指導者になる場合に課せられていた教員資格の習得が撤廃された。学生野球側からの提案で、今後は、元プロ野球関係者が、プロ側、アマチュア側の双方で開催される研修会、「学生野球資格回復制度」（以下、資格回復制度という）を受講すれば、高校野球を指導することが可能となった。これまでの高校野球とプロ野球との冷めた関係に対して、メディアのいう、所謂「高校野球指導の雪解け」である。ところで、他の高校スポーツ系部活動では、当該種目のプロ経験者が監督やコーチを務めることへの規制はない。高校野球の世界のみが長期間に亘り規制してきたのである。

　そこで本章では、高校野球を統轄している日本高野連と、プロ野球を統轄する日本野球機構（以下、NPB という）の 2 つの組織について、第 2 章で援用した中間集団の理論を通して比較をする。そして、それぞれの組織の成立期から現在に至るまでの歴史的背景を辿りながら、日本スポーツ界においてたいへん人気の高い野球に限って、何故こうしたプロからアマへの指導制限が設けられたのかについて、その要因を分析する。さらに、「高校野球指導の雪解け」後の指導現場での事例に触れながら、資格回復制度の実施が与える高校野球への影響について検討を加える。

## 1.　プロ・アマの組織形態の違い

### 1－1　中間集団としての日本高野連

　長年に亘りプロ野球界との関係を阻み続けてきたのは日本高野連の側である。また、高校野球はアマチュア野球界の中で、プロとの交流における規制が最も多い団体である。

　デュルケームは著作『社会学講義』において、中間集団について次にあげる 2 つの理論を述べている。まずはじめに、中間集団と個人の関係につい

て、個人は「二次的集団によって拘束されたり、独占されたりしてはならず、またこの集団がその成員を手中に収めたり、かれらを思うがままに形成・陶冶することがあってはならないのである」（Durkheim, 1950 = 1974: 98）と中間集団の存続の問題性について述べている。そして、そうした中間集団の中の個人は、国家による普遍的な権力によって解放される点を主張している（Durkheim, 1950 = 1974: 98）。

　しかし、その一方で、デュルケームは、中間集団が不在になった場合には、国家の「干渉の方が専制的になってしまわないだろうかという声も起ろう。それに拮抗すべき力がまったくなければ，おそらくその通りである」（Durkheim, 1950 = 1974: 98）と、国家権力によって個人の自由が拘束された場合には、中間集団による「国家－個人」の関係への媒介が必要であるという中間集団の不在の問題性を主張している。

　筆者は、前章において後者の理論を援用し、日本高野連は、戦前の国家統制に対抗して設立された中間集団である点を示した。また、組織の規約にある「連帯責任」を伴う処分制度は、日本高野連の自立性を高める役目を担っているという点を指摘をした。本章では、日本高野連と NPB によるプロ・アマ問題に対して、中間集団としての日本高野連の自立性の高まりが、その成員をより拘束していく例として、中間集団の存続の問題性として捉えることとする。そして、近年のプロ・アマ関係の緩和はそうした問題へのひとつの対応として位置づけ、ここでは、はじめに日本高野連の運営形態をもとに、集団の自立性が高められている構造について具体的に示していく。

　近代以前の社会では、個人は村落共同体など強力な中間集団に埋没することによって、人間としての生活と権利を認められていた（井上・作田, 1968：154）。しかし、それら中間集団を超越する近代国家の出現により、個人は中間集団による拘束から解放されることとなる。しかし、デュルケームが述べるように、やがて国家による専制の進行とともに、新たに形成された中間集団の出現によって個人は 2 つの統制機構に所属することになる。そして、この 2 つの統制機構において、双方の社会的力が拮抗しあい制約しあうならば、個人の自由は増大するという（Durkheim, 1950 = 1974: 99）。しかし、それとは逆に、前章でも述べた通り、中間集団の力が国家や他の中間

集団を上回った場合には、その成員である個人の自由は制限され抑圧されやすい（Durkheim, 1950 = 1974: 97）。そして、この理論を再び日本高野連とNPBにおけるプロ・アマの関係に置き換えて援用したならば、日本高野連は、元プロ野球関係者の高校野球への指導を、高等学校の権限を越える形で独自が行う資格審査によって許可するなど、たいへん自立性の高い中間集団であるといえる。

　さらに、こうした自立性を高める要因として、運営形態の面から他の集団との比較をしたならば、その特徴は、徹底した無報酬主義にあるという点があげられる。この無報酬主義は商業性の排除とともにアマチュアリズムを堅持する支えとなっている。大会の運営には高野連理事を中心にそのほとんどがボランティアで参加をしている。日本高野連が、こうしたボランティアに支えられている組織であることで、アマチュアリズムと教育的意義といった理念が維持され、それに共感する人たちよって組織は自立していくのである（中島, 2016：43）。

　実際、甲子園大会の運営に直接関わる高野連理事は無給であり、大会期間中に選手たちを陰でサポートするスタッフは高野連OBが務めていて、こちらもボランティアである。さらに、審判委員にも報酬は支払われていない。また、15日間にわたる大会は、人気のコンテンツであるにも関わらず、日本高野連は全試合放送するNHKや大阪朝日放送などからの放映権料は受けていない。このように日本高野連とは、同一の目標を持った諸個人が連帯し、その中で無報酬と非商業性を貫き、他の集団との利害関係を阻むことで、中間集団としての自立性が高められた組織である。

　一方、こうした日本高野連の運営形態に対して、NPBは、企業体のように経済的利益を充足するという共通の目標と、それに関わる利害関係によって結びつくタイプであり、個々の成員の欲求は、集団への貢献が報酬に繋がるというサイクルのなかでほぼ充足される。そのため、日本高野連と比べて中間集団として他の集団と個人を媒介する必要性が少なく、社会的な力を高める必要もない（井上・作田, 1968：161）。そして、日本高野連が無報酬主義やアマチュアリズムのイメージを貫く上でも、このように組織的機能の違うNPBとは距離を置き、拮抗した関係を保つことを拒否していた点が、長年に

亘り双方が対立関係にあったことへのひとつの要因であると捉えられる。

## 1－2　組織としての日本野球機構（NPB）

　次に、日本のプロ野球を統轄している組織とは、どのような点において利害関係を含んだ組織であるのかについて考察を加える。

　現在の日本プロ野球を統轄する組織は NPB である。この NPB の前身である日本職業野球連盟（以下、職業野球連盟という）が設立されたのは、日本高野連のそれよりも早い 1936（昭和 11）年 2 月である（ベースボール・マガジン社編，1999：54）。それ以前にも、すでに 1921（大正 10）年には、日本初のプロ野球チーム日本野球協会や、奇術の松旭齊天勝が興行宣伝のために結成したとされる天勝野球団の 2 チームが存在していた。しかし、いずれも短期間で解散しており、それらを統轄する組織は存在しなかった。

　大正期に結成された 2 チームのうち、日本野球協会は、米国野球界をモデルにプロチームの結成を奨励していた安部磯雄[2]の指導に影響を受けた、早大野球部出身者が中心となり結成されたチームである（菊，1993：125）。しかし、当時の日本野球界では学生野球が中心であり、プロとしての経済的イデオロギーよりむしろ、武士道的修養・鍛錬が強調され、金銭拒否の名誉感とも相まって、チームの経営基盤となる経済面は、入場料収入のみで企業からの支援や後援を受けずに運営していた。

　また、天勝野球団は、計画的な練習をせずに試合のみをこなし、奇術の松旭齊天勝一座の広告・宣伝のみを担った、商業的側面の強い、日本野球協会とは正反対の性格をもつ球団であった（大平，1992：231）。そして、両チームとも 1923（大正 12）年 9 月 1 日の関東大震災によって再興の目途が立たず消滅している（大平，1992：230）。このように大正期に成立した我が国初のプロ野球球団は、その球団経営において積極的に外部資本の介入を許容せず不安定であり、チーム数もこの 2 チームのみであったことから、統括団体の設立までには至らなかったのである。

　現在のプロ野球の母体は、1931（昭和 6）年、1934（昭和 9）年に読売新聞社がアメリカ大リーグのオールスターチームを日本に招聘し、日米野球大会を開催したことがその始まりである。特に、第 2 回目となった 1934（昭

和9）年の大会では、野球統制令によって大学野球選手を出場させることが不可能となり、全日本軍の編成には、六大学出身者を中心にチームが編成されていた。そして、この全日本軍が、大会後にプロ野球チーム大日本東京野球クラブ（その後東京巨人軍に改名）として再編成されることとなるのである。

　体育学者の菊幸一は、日本プロ野球の成立期を中心とした歴史社会学研究の中で、プロ野球の成立と経済制度の関連について新聞社の成長をあげている（菊，1993：190）。日米野球を招聘した読売新聞社は、当時の社長正力松太郎[3]の社長就任時1924（大正13）年には発行部数53,796部であったものが、その10年後、第2回日米野球大会が開催された1934（昭和9）年には568,971部と10倍以上増刷されている（正力，1999：120-1）。菊はこうした新聞社の成長について、戦前の国内産業構造の変化に伴い、労働力が1次から2次、3次産業へと移行したことに加え、都市部への人口流入、実質賃金の向上をもって明らかにしている（菊，1993：190-4）。そして、このような社会経済的変化の上に、正力が次々に企画を打ち出し、自社の宣伝を図りながら発行部数を伸ばしていくといった企業的性格が加わったことが、発行部数の伸びに関わったことはいうまでもない。実際に正力は日米野球大会について、全米軍の招聘は、日米親善と読売新聞の宣伝以外に何の目的もないと語っている（東田，1989：61）。さらに、同氏は大会の成功を機に、国内7チームでの職業野球リーグを結成する構想を練り、全国各地へ精力的に働きかけた。その結果、表3－1に示す通り7つの球団が誕生し、統括団体としての職業野球連盟が設立されたのである（ベースボール・マガジン社編，1999：52-3）。

　発足当時のプロ野球を支えた企業は、読売新聞社をはじめとした新聞社4社に加え、鉄道会社3社が参入している。当時は鉄道会社においても、社会経済的変化の中で、既に宅地開発などの多角的経営に乗り出していた。そうした中でのプロ球団の設立は、沿線の利用者拡大から利益の増収を図る手段であったと考えられるのである（菊，1993：213-20）。

　このように、プロ球団は新聞社の購読部数や鉄道会社の利用客の増加を目的に設立されており、職業野球連盟は、営利を目的とした企業体を統轄した

表3－1．日本職業野球連盟創立総会参加球団

| 創立期 | 球団名 | 支援企業 |
|---|---|---|
| 1934 年 12 月 26 日 | 東京巨人軍 | 読売新聞社 |
| 1935 年 12 月 10 日 | 大阪タイガース | 阪神電鉄 |
| 1935 年 1 月 15 日 | 名古屋軍 | 新愛知新聞社 |
| 1935 年 1 月 17 日 | 東京セネスターズ | 西武電鉄 |
| 1935 年 1 月 23 日 | 阪急軍 | 阪急電車 |
| 1935 年 2 月 15 日 | 大東京軍 | 国民新聞 |
| 1935 年 2 月 28 日 | 名古屋金武鯱軍 | 名古屋新聞社 |

出所：菊幸一『「近代プロ・スポーツ」の歴史社会学』、189 頁

中間集団であるといえる。

## 1－3　日本におけるアマチュア野球組織の分類

　次に、日本における高校生以上のアマチュア野球を組織する団体について
みていくこととする。また、ここではプロ野球との関係に対して規約を設け
ている高校生以上の硬式野球を統轄する団体を取り上げる。

　まずアマチュアの硬式野球を統轄する団体は、学生野球と社会人野球に分
類される。学生野球においては、管理組織として学生野球協会が設置されて
おり、日本高野連と全日本大学野球連盟（以下、大学野球連盟という）がそ
の傘下にある組織構造となっている。そして、この学生野球協会が規定する
規約が学生野球憲章であり、その第 4 章「学生野球資格と他の野球団体など
との関係」の中で、プロ野球との関係への規約が設けられている。

　さらに、指導現場での元プロ野球関係者との交流においては、憲章以外に
高校野球と大学野球にそれぞれの規約があり、双方では若干の違いがみられ
る。例えば、高校野球の場合、元プロ関係者による指導が、1984（昭和 59）
年より教員免許の取得などを条件に徐々に緩和される傾向にあった。しかし、
大学においては、それより先の 1973（昭和 48）年から、元プロ野球関係者
の指導が認められている。また、大学野球の場合、人格、識見、技術的に優
れて、学生野球協会が認めた者ならば指導が許される [4] という、日本高野
連のそれと比べると、たいへん簡易とも捉えられる内容であった。そして、

現在でも当該大学の専任教員であり、学長の申請によって学生野球協会が適性と見なせば、元プロ野球関係者の指導が可能となっている[5]。

　一方、実業団や社会人のクラブチームを統轄しているのは日本野球連盟である。同連盟では1949（昭和24）年の設立以来、元プロ野球関係者からの指導に対して規約に特例を設けて許可をするなど学生野球協会と比べるとたいへん寛容であった。1961（昭和36）年のいわゆる柳川事件[6]を境に8年の関係断絶があったものの、2003（平成15）年以降は、元プロ野球関係者の社会人野球への指導を規制した記述が原則廃止されている。また、行政との関係においては、1987（昭和62）年に日本にある多くのスポーツ組織を統轄する日本体育協会（現日本スポーツ協会）に加盟をし、1990（平成2）年には文部省（現文部科学省）より財団法人の認可を受けている（2016年には公益財団法人に移行）。

　このように日本野球連盟によるプロ野球や行政機関との関係は、学生野球協会のそれらへの関わり方とは大きな違いがみられる。そして、このことが現在の日本においてアマチュア野球を統轄する団体が存在しないことへの大きな要因のひとつでもある。

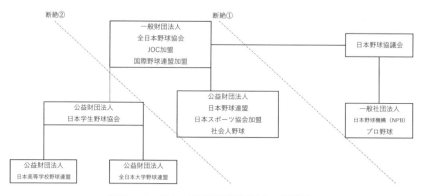

**図3－1.　日本の硬式野球統括団体の組織図**

　図3－1は、以上の経緯を分かりやすく図式化したものである。元プロ野球関係者による指導の規制は、先述したように、社会人においては1961（昭和36）年からの8年間のみ（断絶①）であるのに対して、学生野球では

特に高校野球において、1962（昭和 37）年から 1984（昭和 59）年までと（断絶②）、その期間が大きく異なっている。そして、図の最上部にある全日本野球協会は、日本オリンピック委員会と（JOC）と国際野球連盟（IBAF）に加盟している。さらに、同協会は、NPB と合同で日本野球協議会を設立し、国内での野球の普及や振興などの面で協力的な関係にある。このことから全日本野球協会は、一見、日本のアマチュア野球を統轄している団体にも見える。しかし、実際には国際大会に出場する際に、形式上日本を代表する団体が必要であることから設立されている組織であり、あくまでもアマチュア野球の代表団体であり統括団体ではない。さらにそこには、日本高野連と同様に自立性の高い学生野球協会が、NPB とともにその傘下に入ることを嫌う歴史的な理由が含まれている。次節ではその理由についてみていくこととする。

## 2.　高校野球におけるプロ・アマ断絶の歴史

### 2 − 1　日本高野連の制定するプロ・アマ規約

　はじめに、学生野球憲章に基づいた、日本高野連のプロ・アマに関連する規約について見ていくこととする。

　戦前、統制令には、中等野球が職業野球（当時はクラブチームという）と試合をすることを規制しているが、元プロ野球関係者からの指導は規制の対象とはなっていない。勿論、統制令が出された時期は、それ以前に発足したプロ球団が解散し、東京巨人軍が設立されるまでの端境期であったことがその要因であるともいえよう。しかし、プロ野球が組織化した以降も、指導に関する制限は加えられていない。

　表 3 − 2 は元プロ野球関係者の高校野球への指導について、その歩みを示したものである。元プロ野球関係者からの指導に制限が加えられたのは、戦後、学生野球の再興にあたり制定された、基準要項においてである。この基準要項は、前章でも述べた通り、学生野球の自治を取り戻そうと立ち上がった学生野球関係者と占領軍総司令部（GHQ）民間情報教育局のメンバーらで作成された規約であり、現在の学生野球憲章がそれにあたる。基準要綱

では、「選手ハ職業野球選手又ハ職業野球選手タリシ者ト試合ヲ行フコト及ビコーチヲ受クルコトヲ得ズ」と記され、この内容は学生野球憲章においても引き継がれることとなった。また、当初この規約には「但シ、職業選手タリシ者ニシテ本協会審査室ニ於テ適正ヲ認定サレタ者ハ此ノ限リデナイ」とも記され、プロ退団後1年を経過していることを条件に、資格審査を受けることができ、審査を通過すれば、元プロ野球関係者の中等野球チームへの指導が可能になる特例が設けられていた（日本学生野球協会編，1984：128）。因みに、元東映フライヤーズの選手で、1970〜80年代、池田高校（徳島）の監督として甲子園に出場した蔦文也はこの制度の下で、1952（昭和27）年より同校の監督に就任している。

表3−2．高校野球の指導に関するプロ・アマの歩み

| 年度 | 内容 |
|---|---|
| 1946 | 「学生野球基準要綱」制定と同時に元プロからの指導を制限<br>但し、プロ退団後1年以上経過した者への特例を設ける |
| 1950 | 「日本学生野球憲章」制定<br>元プロからの指導制限については「学生野球基準要綱」の内容を継承する |
| 1962 | それまでの特例を廃止し元プロ野球の監督、コーチ、選手、スカウトから高校野球への指導を完全に規制 |
| 1965 | 「日本学生野球憲章」改正<br>元プロの範囲を審判員およびプロ野球の試合や練習に関与した者にまで拡大する |
| 1969 | 1958（昭和33）年以前のプロ野球退団者の高校野球への指導について特例を設ける |
| 1984 | 高校教諭で通算10年以上在籍の元プロ野球関係者に高校野球の指導を認める教諭特例を施行 |
| 1994 | 教諭特例を通算10年から通算5年に改正 |
| 1997 | 教諭特例を通算5年から通算2年に改正 |
| 2010 | 「学生野球憲章」全面改正<br>元プロ野球関係者からの指導を禁止する内容が条文から削除される |
| 2013 | 元プロ野球関係者の高校野球への指導が研修の受講によって可能となる |

　しかし、昭和30年代に入り、プロ野球が国民的スポーツとして定着し、関心が高まるとともに、高校生の選手に対する事前勧誘行為の行き過ぎが目立つようになった（日本学生野球協会編，2011：42）。また、高校生の中にはプロ野球球団へ入団するため中途退学をする者が増えるなどの事態が生

じてきた。そして、こうした事態を避けるための対応として、高校生のプロ入団についての新たな規制が決定されると同時に、1962（昭和37）年には、日本高野連からの要望によって、それまで特例で認められていた、元プロ野球球団の監督、コーチ、選手、スカウトらの高校野球の指導に対して、アマチュア復帰は認めないという方針が決定された（佐伯，1980：204）。

　さらに、1965（昭和40）年の、学生野球憲章の改正では、それまで高校生が指導を受けることができないものを「職業選手又は職業選手たりし者」だけに限定されていた内容が「監督、コーチ、審判員その他直接に職業野球の試合若しくは練習に関与している者又は関与したことがある者」にまで拡大された（日本学生野球協会編，1984：189）。

　このように高校野球の指導者資格を巡るプロ・アマ関係は1969（昭和44）年まで、一時期完全に断絶することとなった。同年は、社会人野球において、先述した柳川事件から8年が経ち、プロ野球側からのプロ・アマの規約に対する申し入れを受け、共存共栄に動き出した年度であるが、学生野球憲章においても、「直接に職業野球の試合又は練習に関与したことがある者であっても、日本学生野球協会の審査室においてその適性を認定された者については、この限りではない。」という規約が加えられた（日本学生野球協会編，2011：46）。その内容では、1958（昭和33）年12月末までにプロ野球球団を退団した者のうち、日本野球連盟や全日本軟式野球連盟のいずれかのアマチュア資格を取得した者で、申請した者には、プロ・アマの関係が断絶する以前までと同様に、学生野球協会による適正審査を通過すれば、高校への指導が可能となった（日本学生野球協会編，1984：214）。1992、93（平成4、5）年の選抜大会に、東山高校（京都）の監督として出場した長谷部栄一は、1951（昭和26）年に阪神タイガースを退団しており、この制度によってアマチュア資格を回復している。

　さらに、第2章でも示した通り、1984（昭和59）年には、高校野球の特例措置で高等学校の教諭として10年以上在籍した者に、高校野球の指導ができる学生野球資格を回復する教諭特例が施行された。即ち、この段階では、1958（昭和33）年までのプロ野球関係者と、教諭10年の経験者であれば、元プロ野球関係者であっても高校野球を指導することが可能になったの

である。また、高校教諭の経験年数はその後、1994（平成6）年には5年に、1997（平成9）年には2年へと短縮されている。

　こうした緩和傾向は、2010（平成22）年、学生野球憲章が全面改正された際にさらに加速することとなる。改正された学生野球憲章には、それまで記載されていた元プロ野球関係者からの指導を禁止する内容が条文から消え、「元プロ野球選手または元プロ野球関係者は、日本学生野球協会規則で定めるところに従い、日本学生野球協会の承認を得て、学生野球資格を回復することができる。」[7]という内容に改正されることとなった。そして、学生野球協会の承認に必要な研修制度が、NPBと学生野球協会によって2013（平成25）年より導入されている。以後、元プロ野球関係者は、この研修を受ければ教諭の経験年数に関係なく、学生野球協会の審査を経て高校生を指導することが可能となっている。

　このように、これまでプロ野球との関係において慎重であった日本高野連が、元プロ野球関係者の指導者復帰への制限を緩和した要因について、高校野球の指導現場では、プロ経験者の技術指導を望む強い後押しがあった点や、高校野球指導者の約1割弱が非教員であるという現状もあり、元プロ野球関係者の受け入れのみに、教諭経験を必要とするなどの厳しい条件を付ける明確な理由が成立しない点などがあげられる[8]。また一方、NPBが2012（平成24）年11月10日に若手選手約200人を対象に行った、引退後一番やってみたい仕事では、全体の28.4%が高校野球の指導者で、調査の中でトップを占めていた[9]ことなども加味されていると考えられる。

　また、2010年の学生野球憲章改正の際に、学生野球協会の解説では、「1974（昭和49）年にIOCがオリンピック憲章からアマチュアという文字を削除し、その後のオリンピック開催の方針に大きな変化が生じた。正式種目に加えられた野球には、2000（平成12）年のシドニーから2008（平成20）年の北京五輪までプロ野球選手で編成した日本代表が参加した。こうした経緯を踏まえ、新たなプロ・アマ関係の模索が始まったのである」（日本学生野球協会編，2011：42）と述べられている。このような学生野球協会の意向には、プロ・アマの関係正常化が進展する、時代の流れを受け入れるべきであるという判断が加わっているといえよう。

## 2－2　プロ・アマ断絶の歴史的背景

　次にいわゆるプロ・アマ断絶の歴史的背景について簡単に見てみよう。プロ・アマ断絶とは、高校野球の指導現場における元プロ野球関係者からの指導への規制についてである。

　先述したように戦前の統制令には、元職業野球関係者からの指導に関する規約は設けられていない。戦後、規約の中に元プロ関係者からの指導に規制が加えられたことには、2人の学生野球関係者からの影響を見逃せない。その1人目にあげられるのは飛田穂州[10]である。「学生野球の父」と呼ばれた飛田は、プロ野球の台頭に対し厳しい批判を浴びせていた人物である。飛田は、早稲田大学野球部で初代監督を務め、その後、1926（大正15）年に朝日新聞嘱託職員として奉職し、以来甲子園で開催される全国中等学校優勝野球大会の記事を執筆した。飛田は著書『学生野球とは何か』の中で、学生の試合は、平素鍛錬せるところの精神力と技術をいかんなく発揮するところにあり、観客を楽しませる娯楽機関ではないと述べ、職業野球との目的の違いを強調している（飛田，1974：20）。

　さらに飛田は、1936（昭和11）年3月15日より東京朝日新聞に「興行野球と学生野球」と題した記事を4回にわたり連載している。主な内容は学生野球と職業野球の違いについて、職業野球はあくまでも興行野球であり、学生野球と比較すれば技術面、精神面において堕落した野球であると指摘している。

　飛田のこうした職業野球への批判的な姿勢は、1921（大正10）年、飛田が早稲田大学野球部のアメリカ遠征に帯同したときの経験が大きく影響している。当時、アメリカではプロ野球の台頭により大学野球は衰退の途にあった。飛田はその原因について、プロをやめた選手たちを大学野球のコーチに迎えたことで技を見ることがその中心となり、それまで大学野球にあった、気合いで熱のこもったアマの魅力が消えたことにあると分析している（飛田，1974：178）。

　戦後、飛田はこうした分析をもとに、日本でも高校野球の選手がプロのコーチを受ければ、プロ野球と同じように技術が中心となり、従来からの純真さや真剣さが欠けるので、できるだけプロのコーチを受けないようにと述べている（佐伯，1980：218）。さらに、高校野球は、それを心底理解したコ

ーチのもとで育てて行くべきであり、プロとの間には一線を引くべきである
と忠告している（佐伯，1980：218）。飛田は学生野球憲章の作成にも関わ
っており、こうした飛田の観点が、元プロ野球関係者の高校野球への指導を
制限したことにも大きく関係していると考えられる。

　プロ・アマの断絶に影響を与えた2人目の人物は、第2章でも紹介した
佐伯達夫である。佐伯も早稲田大学野球部に所属し、戦前は中等野球の審判
委員や選抜大会の選考委員を務め、戦後は日本高野連の設立に尽力し、長年
にわたり同連盟の副会長、会長を歴任した人物である。

　佐伯がプロ野球との間に壁を設けた要因として、1955（昭和30）年の日
本選抜選手のハワイ派遣があげられる。この選抜チームは同年春夏の甲子園
大会で活躍した17名の選手で編成されており、そのうち11名が、後にプ
ロ入りしている。このことから、プロ野球各球団にとってたいへん魅力があ
るチームであったことはいうまでもない。しかし、その魅力に付け込んだプ
ロのスカウト陣はスカウト合戦を繰り広げた。

　各球団が選手団の宿舎の一室を借り切り、選手たち個々に御馳走をし、選
手の見送りに来た保護者を、東京駅から球団の車で送迎するなど、入団を勧
誘しているスカウトの姿が誰の目にも映るようになった。中には闇ドルを選
手のポケットにねじ込むなどの目に余る行為もあったという（佐伯，1980：
197-8）。

　このような状況に対して、当時の日本高野連副会長であった佐伯は、ハワ
イ派遣に参加した選手の所属する学校長や父兄、関係者に警告状を送付した。
所謂「佐伯通達」である。その内容には、「プロ球団の口車に乗せられ、軽
挙盲動することは、厳に慎むべきではないかと思います」。「余りにも、物資
欲にはしりすぎて、高校生の純真な気持ちを傷つけないようにお願いしたい
と思います」といった高校生のプロ入団への懸念が述べられている（日本学
生野球協会編，1984：148）。また、帰国した選手らに対しても、プロへ行
って活躍できる可能性の低さなどを語り、大学へ進学することを奨励してい
る（佐伯，1980：199）。

　そして、翌年の1956（昭和31）年には、高校生のプロ入団の際、プロ野
球の練習に参加した者や入団を約束した者、入団テストに参加する者などは

高校野球の選手資格を失うといった 6 項目に及ぶ新たな規約が整備された（佐伯，1980：202.3）。また、学生野球協会においても日本高野連加盟各校に対して、プロの世界の厳しさを選手に伝えることを要請した通達文を出している。しかし、その後も高校生とプロ球団との間で、金銭の授受を含んだ問題が発生したことから、高校野球とプロ野球の関係は、高校野球側から壁が設けられることとなった。そして、その過程で元プロ野球関係者による高校野球の指導への復帰も厳しく規制されるようになったのである。

　こうした飛田、佐伯の高校野球に対する理想像が、高校野球とプロ野球との関係の正常化が遅れたことへの、ひとつの要因として捉えることができる。

## 2 － 3　「学生野球資格回復制度」とは何か

　次に、元プロ野球関係者が高校野球を指導する際に、新たに設けられた研修制度についてみていくこととする。

　2013（平成 25）年に始まった資格回復制度は、NPB と日本学生野球協会がそれぞれに研修会を実施している。元プロ野球関係者は、2 つの団体が行う研修会をそれぞれ受講し、終了後に適性審査を申請して認められれば、都道府県高野連に指導者登録届を提出することで高校野球を指導することが可能となる。但し、自身の母校で指導する場合には、各都道府県高野連への届け出は不要となる。この過程は図 3 － 2 で示した要領である。

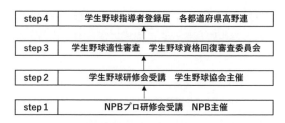

図 3 － 2.　学生野球資格回復から学生指導までの道のり

　ここで 2017（平成 29）年度の研修会の内容をその例として示してみよう。同年度は 12 月に東京と大阪の 2 会場において、NPB 主催の研修会（1 日）と学生野球協会主催の研修会（2 日間）が開催された。研修会の受講資格は、

NPB 球団および日本独立リーグ野球機構 11)（以下、IPBL という）球団に所属した者で、研修日までに退団し次年度の契約がない者、また、研修の時点で NPB、IPBL に所属していても、2017（平成 29）年度においてプロ球団の退団が明らかな者とされている。そして、NPB 研修の講師には、NPB 法規室長の伊藤修久をはじめ、NPB 球団の役員、医師、元プロ選手で現役高校野球監督の 5 名を講師に招いている。一方、学生野球協会の側は、西岡宏堂日本高野連副会長をはじめとして、その他 7 名の講師のうち 6 名が日本高野連の理事であった。

　表 3 － 3、3 － 4 は NPB、学生野球協会それぞれの研修内容を示したものである。表 3 － 3 に示した NPB 側の研修では、過去においてプロ側が選手獲得の際に行った、行き過ぎた行為の事例をあげ、それをプロ・アマの関係が悪化した要因であると解説している。さらに、新人選手の獲得に対するルールについても説明されている。そこには、先に述べた、行き過ぎた勧誘などに対して、プロ側から姿勢を改めることで、学生野球との新たな関係を築いていこうという姿勢があらわれている。

　一方、表 3 － 4 に示した学生野球協会側の研修では、あくまでも高校野球は学校に帰属した活動であり、教育の一環として、統括団体の規約に従う必要がある点が強調されている。そして、両団体の共通点として、体罰の禁止、選手のフィジカル面への理解を指導上の留意点としてあげている。このような研修システムに対して、当初、NPB 側の提案は、NPB が実施する研修会に学生野球側から講師を招いて開催し、その修了者のアマチュア資格復帰を求めていたが、学生野球側からの提案に従って、このような 2 段構えの方式が取られるようになった。

　また、学生野球側は当初、「退団者のうち誰でも希望すれば受講できる」制度について難色を示し、各球団ないしコミッショナーの推薦を求めたが、プロ側は事実上困難として、NPB 傘下の退団者で一定の誓約書を提出した者を受け入れることを要求した。これに対し学生野球側は、高校野球加盟校中、教員免許を有さず監督として登録している指導者に対して、学生野球協会や日本高野連が研修制度を設けていない点を考慮し、研修受講資格要件をプロ側の要求に同意して緩和したのである 12)。

**表 3 - 3. NPB プロ研修会**　　　　　　　講習時間：5 時間程度

| 研修1 | 学生野球とプロ野球の関係〜プロアマの歴史・経緯 |
|---|---|
| 研修2 | 新人獲得のルール内容に関する説明 |
| 研修3 | 高校生のからだの特性とけが予防 |
| 研修4 | 指導者の役割 |
| | 小テスト |

**表 3 - 4. 学生野球研修会**　　　　　　　講習時間：各日 7 時間程度

| 第1日 | |
|---|---|
| 講座Ⅰ | 部活動の位置付け概論 |
| 講座Ⅱ | 学校長の権限、承認手続き、外部指導者手続き |
| 講座Ⅲ | 留意すべき教育的配慮の事例① |
| | 体罰の禁止、学校教育活動の一環としての活動 |
| 講座Ⅳ | スポーツ指導者に求められるもの |
| 講座Ⅴ | （大学野球）大学指導者の役割 |
| 講座Ⅵ | 対外試合に関する留意事項 |
| 講座Ⅶ | 安全対策、危機管理と健康上の留意事項 |
| 第2日 | |
| 講座Ⅷ | 留意すべき教育的配慮の事例② |
| | 寄付・援助・特待生に関する特別規則 |
| 講座Ⅸ | 留意すべき教育的配慮の事例③ |
| | プロ野球関連規定、学生野球資格回復制度 |
| 講座Ⅹ | 試合プレイ上での留意事項 |
| | アマチュア内規、高校野球特別規則 |
| 講座Ⅺ | 試合プレイ上での留意事項（続き） |
| | 経費の取り扱い、謝金について |
| 講座Ⅻ | 適性検査の説明、アンケート・提出 |

## 3. 断絶回復後の指導現場

### 3 - 1　元プロ選手の高校野球への指導

　近年、元プロ選手が高校野球の監督として甲子園で采配するケースが目につくようになった[13]。その他、元プロ選手がトレーナー（コーチ兼任）と

して甲子園に出場しているチームに帯同するケースも増える傾向にある。そこで、そうした元プロ選手が指導している現場を例に、断絶回復以後の変化について考察を加えていくこととする。筆者は対象をX県、強豪私立朝日高校（仮名）[14]とし、同校で指導する元プロ選手Aを中心にB野球部長、C監督、Dコーチに対してインタビュー調査を行った。表3－5は彼らの野球歴と属性を示したものである。調査対象の抽出には自力探索をし、元プロ選手からは、研修制度の内容で印象に残っている点や、高校野球を指導して感じていることを、また、同校の部長、監督、コーチには元プロ選手の指導に対する考えを聴き取った。ここではまず、元プロ選手A（41）とのインタビュー内容を示していく。

表3－5. インタビュー対象者の属性と実施日

| 対象者 | 球歴 | 実施日 |
|---|---|---|
| A（元プロ） | 高校　→　社会人　→　NPB | 2018.10.23 |
| B部長 | 高校　→　大学　　　→　社会人 | 2018.10.25 |
| C監督 | 高校　→　大学 | 2018.11. 6 |
| Dコーチ | 高校　→　大学 | 2018.11. 8 |

　朝日高校のOBでもあるAはNPBの2球団で計18年間の経験をもつ。投手としてNPBオールスターゲームにも出場経験があり、プロ野球界を代表する打者との対戦経験も豊富である。甲子園に出場した経験はないが、高校時代よりプロを目指していたという。2017（平成29）年にプロ球団を退団し、同年末に開催された資格回復制度の研修を受講し資格回復をした。2018（平成30）年9月から週に2日前後、投手を中心に朝日高校で指導している。

　Aは研修制度ができたことについて、「これまでは母校の後輩でさえも指導することが制限されていたが、この制度によって、プロ野球で得られた知識を後輩たちに還元できるようになりました」と高く評価している。しかし、その反面、3日間の講習のみでアマチュア資格を回復し、高校野球を指導できるというこの制度は、サッカー界において実施されている、少年サッカーからJリーグまで繋がりのある段階的な指導者ライセンス制度[15]と比較す

ると、野球界には組織的にそうした一貫したシステムが構築されておらず、その点について双方の大きな違いを感じたという。

　現在 A が指導をしながら感じていることは、トレーニングに関する考え方が、自身の高校時代から全く変化していない点であるという。このことは、プロを引退後に少年野球のクリニックに呼ばれた際、そのチームの指導者から「やることがないときは、走らせといたらいいですね」と聞かれたことにも繋がるという。「高校野球の場合でも何かしんどいことをさせることが鍛錬であり、絶えずそれが必要とされているような感を受けます。その典型が指導者のいう、走らせるという言葉に集約されているようで、そこでは必ず全力疾走が要求され、スピードを落とすことがさぼっているという評価に繋がります。そして、走ることで心身ともに強くなるという精神面を強化することへの観念が強いように思います。また、技術練習の量との兼ね合いを考慮せずに走らすケースも多いように感じます」と指摘する。

　A によると、18 年もの間プロ野球界で続けられた一番の要因として、フィジカル面の強化とそれに対する自身の探究心の高さをあげている。高校時代は 60kg 台前半であった体重を 80kg 台半ばまで増やし、筋力の向上とともに肩関節周りや股関節の柔軟性を高めて、野球に対する機能面へと連動した体作りを徹底したという。そして、こうした経験をもとに A は、高校生への指導において、技術面への指導以前に体づくりを重要視している。このことについて A は、「技術練習をすればするだけ、打者のバットのスイングスピードは早くなり、投手の腕の振りは強くなります。そうなれば必ず身体への負担が大きくなるので、それに耐えられる体づくりが必要になるでしょう」と語る。そして、こうした傾向への対応として、A はランニングのドリルにおいては 50 〜 70%程度のスピードで、走るフォームを重視するメニューを奨励している。これは、綺麗なフォームで走るということを意識することで、体の使い方が上手くなり、そうした体の使い方を身に着けることが、投手であれば投球フォームの躍動感につながると分析している。そして、正しいフォームを身に着けた上で、走る距離やスピードを伸ばしていくという指導で、量よりも質を高めていくことから、怪我の予防も兼ねているという。このようなメニューは、A が自身の経験と NPB のトレーナーやトレーニングコー

チから得た知識を基にしている。過度の疲労や怪我の予防を考慮に入れながら、体力そして競技力を向上させていくといった、元プロ選手が伝えるこうした考え方は、今後の高校野球界では決して見逃してはならない内容であるといえる。

### 3－2　元プロ選手の指導を受ける高校の指導者

　次に、実際にAの指導を受ける朝日高校のB野球部長（42）、C監督（30）、Dコーチ（28）へ、指導を受けたことで感じる変化について聞くこととする。朝日高校の3名の指導者はともに同校の教員で野球部のOBでもある。B部長は、監督経験を含めて16年間高校野球を指導している。同氏は、Aの指導から、プロ野球と高校野球の大きな違いについて、「プロ野球では練習メニューを構築する段階で、量的な部分と質的な部分のバランスがとれており、選手全体のフィジカル面への配慮がなされていると感じます。これは、やはり、職業として野球に携る選手に怪我をさせてはいけないというコーチ陣の責任感からですかね。また、高校生と比較してプロ選手は、身体強化への意識は高く、自主的な体力強化ができているのではないでしょうか」という。

　一方、B部長は高校野球の場合は、短期間のトーナメントを勝ち抜く上で、精神面を含み心身ともに強い選手を育成しなければならないということから、厳しい練習をしても怪我をせずに最後まで練習から離脱することがなかった者が強く、その者たちが戦力と見なされる傾向にある。この点が、プロとは大きく違う部分であると分析している。高校野球では、少々痛いところがあっても、最後まで頑張れる選手が選別されるといった精神的な要素が高く評価される傾向にある。このことから、プロ野球では自己教育力的な力が必要とされ、高校野球では忍耐的な精神力が求められているということができよう。さらに、B部長は、Aの指導内容から気づいたこととして、つぎのように述べる。「例えば、これまでウエイトトレーニングは、体を大きくすることで飛距離を伸ばすことを目指しており、ランニングトレーニングは精神力と走力（スピード）を上げるために行うという観点が強かったと思います。しかし、Aのプログラムからは、怪我をさせない体作りと、打つ、走る、投げるといった野球におけるすべての機能面に繋げるために、トレーニング

があるという考え方を知ることができました」。

　こうした情報が得られたことは、これまで観念的な部分に頼ることが多かった高校野球の指導現場にとって、発展的な変化として捉えることができる。また、B部長によれば、最近では、他校においても元プロ選手の指導を受けるケースも増えているが、その効果は学校によって様々で、ある学校では、元プロ選手のあまりにも野球に偏重した考え方と、他のスタッフの学校を中心とした考え方とのずれから、元プロ選手からの指導が短期間で終了したケースもあるという。この点に関して、朝日高校では、B部長がAの先輩でもあることから、スタッフ間のコミュニケーションを大切にしながら、それぞれの役割分担を明確にしている。特に選手の起用に関しては、C監督から相談がない限りは口を出さないといったルールを皆が尊重し合えているという。では、そのC監督はAからの指導を踏まえ、プロ・アマの断絶回復以後についてどのように感じているのだろうか。

　現役時代C監督は、Aと同じ投手であったが、これまで独学で自身の理論を築いてきたという。しかし、C監督はこれまで医療分野でのエビデンスをもとにしてきたが、コンディションの作り方などは、Aからプロでの経験を実際に聞くことで、これまでの先入観を見直すことができたと話す。例えば、投手の冬場の投げ込みは高校野球のアウトオブシーズン[16]期間中に行うが、量的な面のみに頼るのではなく、身体機能との関わりを考慮に入れられるようになったという。

　また、C監督から野手のメニューを任されているDコーチは、これまでは自身が選手であった10年前の経験を基本としながらも、様々な書籍やインターネットでの情報を通して、日々現在のチーム見合った練習方法を考えているが、年数を経る毎に何か新しい内容を与えようとすることもあり、メニューの構築に行き詰まりを感じる点もあったという。その際にAから受ける助言は大いに手助けになるという。

　以上のように、朝日高校では元プロ選手との交流によって、これまで高校野球の指導では当たり前であったことが、あらためて見直されつつある。そして、こうした傾向は資格回復制度が導入されたことによって可能となり、高校野球にとっては大きな進歩であるといえる。さらに、このことは飛田が

奨励して以来、現在の高校野球にも残る精神や意気込みを中心としたイデオロギーとは相反することにもなる。しかし、B部長がプロの理論を評価しているように、選手のフィジカル面に対する指導者側の気配りや、単に精神面だけではなく野球に繋がる機能的なトレーニングを構築することは、今後の高校野球にとっては必要な部分であると考えられる。単に厳しい練習メニューに耐えることを美談とせず、練習メニューを理解し、野球技術の向上へ向けて如何にして取り組んでいくべきかを考えられる選手を育成することこそ、教育の一環としての高校野球に求められる部分ではないだろうか。

## おわりに

　本章では、高校野球において元プロ野球関係者の指導制限が、何故、設けられたのかについて明らかにすることを目的とした。そして、はじめにそれぞれの統轄団体である日本高野連とNPBとを中間集団論によって比較をした。つづいて、プロ・アマの関係について、これまでの規約の変遷と、それに関わる歴史的背景について分析を加えた。そして、最後に実際の指導現場において元プロ野球選手から指導を受けている高校での事例をもとに、資格回復制度導入後の実態について検討を加えた。その結果として、日本高野連とは無報酬主義を基軸として、教育的意義とアマチュアリズムという理念に共感する人たちによって支えられた自立性の高い中間集団である点を捉えた。また、これに対してNPBは、企業体のように経済的利益を充足するという共通の目標によって結びついた組織である。そして、利害関係を中心とした商業主義の中で、日本高野連のように自立性を高める必要のない組織であるといえる。まず第一に、こうした組織のもつ目標の違いが、日本高野連側からNPBとの距離を取り続けた要因であるといえる。

　さらに、元プロ野球選手の高校野球指導に対する厳しい制限は、こうした組織構造の違いの上に、戦後、プロ野球側からの選手獲得へ向けた無秩序な高校生への勧誘行為が加わったことで、その長期化に繋がったといえる。そして、そこには、技術を見せるプロ野球に対して、飛田、佐伯の純真さを理想とした高校野球側の対抗的なイデオロギーもその要因として大きく関わっ

ていた点も見逃せない。

　しかし、そのような歴史から転換期を迎えた現在では、構造の異なる集団同士の対立から、互いが協力するようになったことで、実際の指導現場にとっては得るものがたいへん大きいといえる。資格回復制度の導入は、特に、技術面以前に選手の身体面での怪我の予防や、運動能力の発達には大きく寄与するものであると考えられる。1990 年代以降、日米のプロ野球の交流が活発化し、両国のプロリーグで活躍する選手やトレーナーによって、日本のプロ野球界においても身体面へのコンディショニングに向けたプログラムは、たいへん発展した分野であるといえる。そして、こうした知識が、プロ・アマの断絶回復によって高校野球の指導現場に伝わることは、ユース世代の選手育成にとっては大きな進歩であるといえる。

【註】
1)　ここでいう元プロ野球関係者は、監督やコーチ、選手はもちろん、スカウト、トレーナーにまで適用される。
2)　1865（元治 2）年、福岡県生まれ。同志社大学卒。早稲田大学教授。早稲田大学野球部初代部長。早稲田大学野球部初の米国遠征に帯同し、日本の学生野球界の技術的発展と野球界全体の発展への見地から、国内プロチームの結成を奨励していた。
3)　1885（明治 18）年、富山県生まれ。警視庁警務部長時代に虎ノ門事件によって免官、翌年 1924（大正 13）年に読売新聞社社長に就任、次々に大胆な企画を打ち出し飛躍的に部数を伸ばした。
4)　「元プロのコーチを大学野球も認める」『朝日新聞』1973 年 8 月 11 日朝刊, 18 頁。
5)　日本学生野球協会編「日本学生野球憲章　付属規定」10. 大学野球指導者および審判員への回復に関する規定　2016 年度版。
6)　1960（昭和 35）年まではプロ側がシーズン中に社会人の監督、選手を引き抜かないことを条件に、プロ野球と社会人野球の間で「選手の転出加入に関する協約」が結ばれていた。しかし、1961（昭和 36）年、プロ側がプロ退団者受け入れ人数の増加などを希望したが、社会人側が拒否したため、プロ野球側が協約締結の拒否を決めた。この直後に、中日がシーズン中にもかかわらず、日本生命の柳川選手と契約をしたことがきっかけとなり、社会人側が翌年からの元プロ野球選手の受け入れを一切拒否するとともに、それまで短期間に限って許可されていたプロの監督、コーチ、選手からコーチを受けることも禁止することとなった。

7) 「日本学生野球憲章第 4 章第 14 条 8（学生野球資格の回復）」。

8) 「徹底したモラル必要」『毎日新聞』2013 年 1 月 18 日朝刊，19 面。

9) 「プロ側もろ手挙げ歓迎」『毎日新聞』、2013 年 1 月 18 日朝刊，19 面。

10) 1886（明治 19）年、茨城県生まれ。水戸中から早稲田大学に進学し、野球部では主将として活躍した。1919（大正 8）年に監督に就任し、飛田式猛訓練で早稲田大学野球部の黄金期を築き上げた。

11) 一般社団法人日本独立リーグ野球機構（The Japan Association of Independent Professional Baseball League）は、2014（平成 26）年 9 月 1 日に設立。日本のプロ野球独立リーグの合同組織である。四国アイランドリーグ plus とベースボール・チャレンジ・リーグの 2 リーグによる合同組織からはじまり、2023（令和 5）年 2 月末段階では九州アジアリーグ、北海道フロンティアリーグ、日本海リーグが加わり 5 リーグが加盟している。高校野球の指導に関しては、NPB 出身者と同様に「学生野球資格回復制度」の受講が必要となる。但し、組織の面では、NPB のように日本野球協議会や全日本野球協会との繋がりは持たない。

12) 「元プロ野球関係者の学生野球資格回復容認の経緯」、日本高等学校野球連盟、1.2、2014 年 6 月 20 日。

13) 2012（平成 24）年、選抜大会に出場した早鞆（山口）の大越基（元福岡ダイエーホークス）、2015（平成 27）年、選手権大会に出場した九州国際（福岡）の楠城徹（元西武ライオンズ）、2015（平成 27）年、2021 年（令和 3 年）の選抜大会と 2017（平成 29）年、2021 年（令和 3 年）の選手権大会に出場した東海大菅生（東京）の若林弘泰（元中日ドラゴンズ）、同大会において智弁和歌山を優勝に導いた中谷仁（元阪神タイガース、楽天イーグルス読売ジャイアンツ）などがその例である。

14) 以後、学校名および人名は仮名で表記する。

15) 日本サッカー協会は、プロ選手を指導できる S 級ライセンスから A 級、B 級、C 級、D 級、キッズリーダーまで 6 段階に分けて講習会を実施するライセンス制度を設けている。
出所：日本サッカー協会、http://www.jfa.jp/coach/official/training.html

16) 日本高野連は「高校野球アウトオブシーズンについての規定」を制定し、通常 12 月から翌年 3 月上旬まで対外試合を行うことを禁止している。

# 第4章

指導者養成講習にみる
高校野球のイデオロギー

# はじめに

　日本高野連は、2008（平成20）年より、高校野球の若手指導者を対象に「高校野球・甲子園塾」（以下、「甲子園塾」という）という研修会を開催している。この研修会の主旨は、よき指導者となるために、高校野球の歴史、指導者としての心構えなどを研修すること、受講者同士の交流を深め、指導者としてのネットワークづくりの一助とすること、都道府県連盟（以下、地方高野連という）とのよりよい関係について研修することの3点が掲げられている。受講者は、教員免許を取得し、原則として現在教諭で、在籍10年未満の野球部監督、部長に限られ、毎年、地方高野連から1名（北海道、千葉、東京、神奈川、愛知、大阪、兵庫は2名）が派遣されている。

　その一方で、これまでにも述べたように、日本高野連は、元プロ野球関係者（以下、元プロ関係者という）が高校野球の指導者になる場合に、以前までは一定の教諭経験を必要としていたが、現在では、教諭経験の有無にかかわらず可能としている。こうした元プロ関係者が高校野球を指導することへの規制緩和によって、プロ野球と高校野球の関係も、双方の距離がより縮まったようにも感じられる。しかし、その反面、先に示した「甲子園塾」の受講規定にある「現職教諭に限る」という制限を見ることによって、双方の距離感への矛盾が感じられる。さらに、たとえ現職教諭の野球部監督や部長であっても、希望すれば全員が参加できる形態ではなく、あくまでも地方高野連から推薦されたごく僅かな者のみが研修会を受講できるといった内容は、他競技のそれと比べた場合、日本高野連の中央集権的な組織形態がうかがえる。

　そこで本章では、まず、近年、他競技の中で最も競技人口の増加が見られ、今後も、高校野球における競技人口の増減に競合すると思われるサッカー界を例にあげ、組織内容の違いに触れた上で、それぞれの指導者養成システムについて比較を行う。そして、プロ・アマの関係を緩和しながらも、「甲子園塾」の参加規定に含まれる、教員が指導することへの拘りについて、その意味を考察する。さらに、その結果を踏まえ、日本高野連の組織としての特徴について、デュルケームの社会類型をもとに分析を加える。

## 1.　高校サッカーの現状からみた組織比較

　現在、高等学校のスポーツ系部活動において、男子の競技者数が最も多い種目はサッカーである[1]。また、高校生世代で競技人口が 10 万人以上の競技は硬式野球とサッカーに限られている。2021（令和 3）年度に全国高体連に登録されているサッカーの男子競技者数は 149,637 人で、同年度の日本高野連の登録人数 134,282 人（硬式の部）を上回っている。同年までの 10 年間を比較すると、高等学校の部活動において、2016 年を境にサッカーの競技者数が硬式野球のそれを上回る傾向がみられる[2]。また、サッカーの場合には、高等学校のサッカー部でプレーする以外に、J リーグの傘下にあるクラブユースチームなどでプレーする者もおり、そちらを加えるとさらに増えることとなる[3]。そして、こうした高校生世代のサッカーにおける競技人口の増加は、日本高野連が懸念する国内の野球人口の減少に、少なからず影響を及ぼしていることは疑えない状況にある。

　サッカーの場合、高校の部活動を対象とした大会は、全国高体連が主催する全国高等学校総合体育大会（インターハイ）と、日本サッカー協会（以下、JFA という）と全国高体連が共催する全国高等学校サッカー選手権大会という 2 つの全国大会が開催されている。一方、クラブユースチームにはJFA が中心となり日本クラブユースサッカー選手権（U-18）や J リーグユース選手権大会が開催されている。さらに注目する点は、日本高体連に登録されている高校のサッカー部とクラブユースチームが、組織の垣根を越えてリ

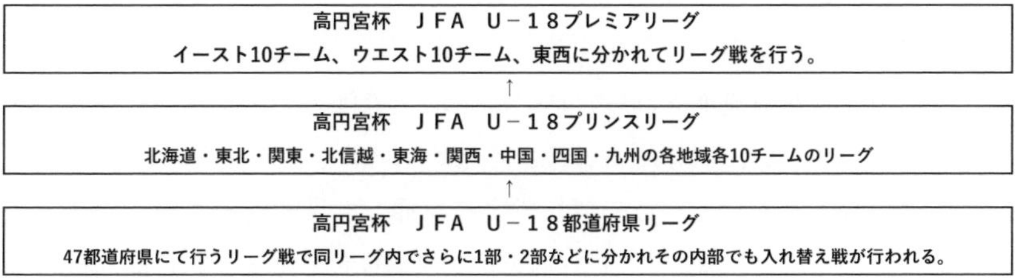

---

**高円宮杯　ＪＦＡ　Ｕ－１８プレミアリーグ**
**イースト10チーム、ウエスト10チーム、東西に分かれてリーグ戦を行う。**

↑

**高円宮杯　ＪＦＡ　Ｕ－１８プリンスリーグ**
**北海道・東北・関東・北信越・東海・関西・中国・四国・九州の各地域各10チームのリーグ**

↑

**高円宮杯　ＪＦＡ　Ｕ－１８都道府県リーグ**
**47都道府県にて行うリーグ戦で同リーグ内でさらに1部・2部などに分かれその内部でも入れ替え戦が行われる。**

**図４－1.　高円宮杯 U-18 サッカーリーグ構成図**

ーグ戦を行う「高円宮杯 JFA U-18 サッカーリーグ」が開催されている。

　図4－1は現在の「高円宮杯 JFA U-18 サッカーリーグ」の構成である。全国高体連に所属しているチームの多くが参加し、下部リーグである都道府県リーグからプレミアリーグまでそれぞれ年間を通してリーグ戦を行い（4月〜12月）、戦績によって各リーグへの入れ替え戦が行われている。また、リーグ最高峰にあたるプレミアリーグでは、東西のリーグ戦の優勝チーム同士による決定戦（高円宮杯 JFA U-18 サッカープレミアリーグファイナル）が開催されている。2021 年度プレミアリーグイーストでは青森山田高校、市立船橋高校の2校、ウエストでは東福岡高校、大津高校の2校、合計20チーム中4校が高校のサッカー部で、他の14 チームがJリーグのユースチームで構成されている。

　同リーグに参加するチームはユースクラブチームに限らず、高校のクラブにおいても、民間企業とスポンサー契約を結び、ユニフォームに企業名のコマーシャルロゴを貼り付けて出場することも可能である。即ち、この段階でプロリーグと同様に商業的価値が認められ、高校の部活動であっても競技を介して金銭的な部分との関わりが認められているのである。因みに、全国高体連が、直接開催に関わる大会では、ユニフォームにコマーシャルロゴを張り付けて出場することは禁止されているが[4]、同団体が関係していない大会への参加におけるスポンサー契約、スポンサーロゴへの制限には関与していない。また、JFA では、高校生の選手がJリーグなどの国内のプロチームとプロ契約を交わした場合、トレーニング費用と称してその選手の出身チームに育成費を支払う制度が整備されている。例えば大卒の選手が卒業時にプロ契約した場合、出身高校に45 万円、高卒の場合には高校に90 万円が支払われており、こうした金銭の授受に関しても、全国高体連は、高校サッカー部に対して、規約をもって禁止するという制度は設けていない。

　一方、こうした運営面を高校野球の場合に当てはめて考えると、高校野球の場合には、徹底した無報酬主義であるという点が、あらためてその特徴としてあげられる。そして、この無報酬主義を通して「教育の一環」である点を補強していることに加え、日本高野連の内部構造を見るとさらに高校野球と教育の関係が強化されている点に気づく。

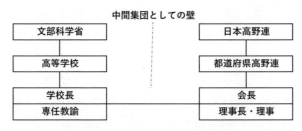

**図4－2. 高野連と学校教育の接点**

　図4－2は、日本高野連と学校教育との接点を示している。日本高野連は、戦後、文部省（当時）からの中等野球への介入を避けるために設立された中間集団であるという論理は第2章で示した通りである。しかし、実際の現場である都道府県高野連の人事構成をみると、加盟校の高等学校長が会長となり、野球部に関係する教員が理事長、理事を担当している。文部省に対抗して設立された組織であるにも関わらず、現場で組織を運営している者は、文部科学省が認める教員免許を発行された各校の教諭なのである。

　一方、先に示したJFAも文部科学省から独立した競技団体であるが、こちらの協会長、理事には、元Jリーグの選手から学識者まで特化するものなく多岐に渡っている。この点は、JFAがプロリーグからアマチュアまで、日本のサッカー界を統轄した組織である点を象徴しているといえる。これに対して日本高野連は、あくまでも高校生の野球を統轄する団体である。その上、日本の野球界ではJFAのようなプロ・アマを統括団体が存在せず、娯楽と教育という互いに相反する観念のもとに、プロ・アマの透明な関係性は、今もなお築かれていない点がうかがえる。そして、このことが、「甲子園塾」における教諭に拘った参加規程にも少なからず関連していると捉えられよう。

## 2.　指導者養成講習の比較

### 2－1　高校野球・甲子園塾の内容
　ここで2018（平成30）年に開催された「甲子園塾」に参加したA氏[5]

からの談話をもとに、講習会で提示された資料及び報告の内容について見ていくこととする。A氏の指導経験は6年（当時）で、勤務校の野球部で監督を務めている。

2018（平成30）年度は、全国の高野連から派遣された54名が2班に分けられ（1班27名）、それぞれ2泊3日の研修が実施された。講習は座学と実技に分かれており、受講者には事前にレポート課題が与えられている。以下に、事前レポートの質問内容をあげる。

①ご自身の指導者として基本的な考え方について。
②3年間野球部を継続するために、新入部員に対して特に注意していること。
③部員とのコミュニケーションを図るうえで、どのような点に気をつけているか。
④保護者との対応はどのようなことに気をつけているか。
⑤体罰は厳禁ですが、あなたの心構えは。

座学は、①〜⑤それぞれの質問に対応したテーマに沿って実施される。そして、こうした質問内容には、国内の野球人口が減少することへの抑制に向け、日本高野連が事業化を検討している「高校野球200年構想」に対する、今後の指導者のあり方についての模索が含まれている。

表4－1. 平成30年度　第2回「高校野球・甲子園塾」講師および特別講師

| 講師 | |
|---|---|
| 山下　智茂 | 塾長　元日本高野連技術・振興委員　元星稜高校監督 |
| 西岡　宏堂 | 日本高野連副会長・元審議委員長 |
| 岡村　英佑 | 弁護士 |
| 特別講師 | |
| 永田　裕治 | 日本高野連技術・振興委員（当時）元報徳学園高校監督<br>現日本大学三島高校監督 |
| 小針　宗宏 | 作新学院高校監督 |
| 佐々木　明志 | 岩手県高校野球連盟理事長 |

　表４－１は同年度の講師および特別講師の一覧である。講師は例年「甲子園塾」において講習を担当しており、特別講師は単年度毎に日本高野連から人選された現役の高校野球指導者が講習を担っている。特別講師を依頼される者は、これまで甲子園球場で開催された全国大会において優勝するなど、華々しい結果を導いたとされる監督や、長年に亘り高校野球の指導と連盟の運営に携わってきた地方高野連の理事長などが担当する。

　因みに日本高野連では、近年、他の高校スポーツにおいて取り入れられているような指導者の資格制度 [6] は設けていない。それは、競技団体において成功例とみなされたそれぞれの指導経験がすべてエビデンスとなり、各都道府県から選ばれたれた参加者へと伝えられていく形式のみで行われている。そして、受講者が各地の地方高野連に戻ると、受講した内容の報告会が開催され、その中身が加盟校の各監督へと共有されていくのである。

　こうした内容からは、他競技において、指導者が各競技団体の指導者講習受講後に試験を受け、合格者のみに指導者ライセンスが発行されるといった形態とは大きく異なっている。高校野球における指導者への教育は、競技団体から選ばれた指導者があくまでも個人としてではなくその地方の代表者として中央機関に出向き、そこで学んだ知識を地方に持ち帰るといった、中央集権的な組織構造に則したかたちで実施されているといえる。

　表４－２は講習のタイムスケジュールである。講習期間中には８項目の座学と６項目の実技、そして２度のグループワークが実施されている。ここでその講習内容について、タイムスケジュールに沿って配布されたそれぞれの資料をもとに触れていくこととする。

　まず、はじめに座学Ｉでは、日本高野連およびその下部組織である「都道府県連盟の役割」について、岩手県高野連理事長の佐々木氏によって組織の目的および事業内容が解説されている。同氏の作成した資料の中には、組織の目的について、日本高等学校野球連盟定款第３条にあげられている「この法人は、日本学生野球憲章に基づき、高校野球の健全な発達に寄与することを目的とする。」という条文が抜粋されている。そして、具体的な事業内容については、この目的を達成するために行われている事柄の詳細がまとめられている。

表 4 − 2. 平成 30 年度第 2 回「高校野球・甲子園塾」タイムスケジュール

第 1 日（11 月 30 日）

| 時間 | 講習内容 | 講師担当 |
|---|---|---|
| 13:00 ～ 13:30 | 開講式<br>連盟代表挨拶、塾長挨拶<br>講師紹介、受講者紹介<br>日程説明 | 山下 |
| 13:30 ～ 14:15 | 座学 I　都道府県連盟の役割 | 佐々木 |
| 14:15 ～ 14:20 | 休憩 | |
| 14:20 ～ 15:20 | 座学 II　指導者に求められる法的知識 | 岡村 |
| 15:20 ～ 16:05 | 座学 III　指導者としての基本的な考え方 | 小針 |
| 16:05 ～ 16:10 | 休憩 | |
| 16:10 ～ 16:55 | 座学 III　指導者としての基本的な考え方 | 永田 |
| 16:55 ～ 17:05 | 休憩 | |
| 17:05 ～ 18:00 | 座学 IV　部員とのコミュニケーションの取り方 | 山下、永田、小針 |
| 18:00 ～ 18:45 | 座学 V　不祥事の取り扱いと防止 | 西岡 |
| 18:45 ～ 19:30 | 食事 | |
| 19:30 ～ 19:40 | 現場討議の説明、移動 | |
| 19:30 ～ 20:30 | 班別討議　①新入部員の指導について | 山下、佐々木、尾崎<br>永田、古谷、小針 |
| 20:30 ～ 20:40 | 休憩、移動 | |
| 19:30 ～ 19:40 | 各班の報告、全体の討議 | |

第 2 日（12 月 1 日）

| 時間 | 講習内容 | 講師担当 |
|---|---|---|
| 6:30 | 起床 | |
| 7:00 | 食事 | |
| 8:00 ～ 8:45 | 座学 VI　部活動の役割と課題 | 佐々木 |
| 8:50 ～ | 移動（バスで太成学院大高へ） | |
| 9:30 ～ 11:30 | 実技 I　キャッチボール、トスバッティング、バント練習 | 山下、永田、小針 |
| 11:30 ～ 12:15 | 食事 | |
| 12:15 ～ 14:00 | 実技 II　内野ノック、外野ノック、内外連携 | 山下、永田、小針 |
| 14:00 ～ 14:15 | 休憩 | |
| 14:15 ～ 15:15 | 実技 III　バッテリーの基本 | 永田 |
| 15:15 ～ 16:15 | 実技 IV　打撃の基本 | 小針 |
| 16:15 ～ | 移動（中沢佐伯記念野球会館へ） | |

| 17:15 〜 17:55 | 座学Ⅶ　日本の球史 | 井本 |
| 17:55 〜 18:10 | 休憩、移動 | |
| 18:10 〜 19:00 | 班別討議　①体罰についてどう考えるか | |
| 19:00 〜 19:45 | 各班の報告、全体討議、講師からの助言 | 山下、永田、小針 |
| 19:45 〜 | 食事 | |

第3日（12月2日）

| 時間 | 講習内容 | 講師担当 |
| --- | --- | --- |
| 6:30 | 起床 | |
| 7:00 | 食事 | |
| 8:00 〜 | 移動（バスで太成学院大高へ） | |
| 9:00 〜 9:30 | 座学Ⅷ　チーム、個人用具の管理 | 山下 |
| 9:30 〜 10:30 | 実技Ⅴ　走塁の基本 | 山下、永田、小針 |
| 10:30 〜 10:40 | 休憩 | |
| 10:40 〜 12:00 | 実技Ⅵ　前日のノック実践練習（A、B班に分かれて） | 山下、永田、小針 |
| 12:00 〜 12:15 | 質疑応答 | |
| 13:00 〜 | 閉会式 | |

　これらの内容からは、日本高野連とは学生野球憲章に基づくが故に、ひとつの教育機関であるという点を示唆しているといえる。また、同氏は2日目に開催された座学Ⅵ「部活動の役割と課題」のなかで、「野球部のあり方」について、学校の顔としての野球部であることと同時に、学内で応援されるに値する野球部であるべき点を強調している。そして指導者側は、一教員としての職務を全うしながら高校野球を指導するべきである点を解説しており、ここに高校野球の指導者は教員であることを前提としている組織の意向がうかがえる。

　座学Ⅱでは、野球部の事故予防へ向けた安全対策および「指導者に求められる法的知識」について、これまでの指導現場での事故等における裁判事例があげられている。そして、こうした講義内容は、座学Ⅶ「日本の球史」とともに、元プロ野球関係者を対象とした資格回復制度の研修会においても設けられている。

　座学Ⅲでは甲子園での全国大会で優勝経験のある永田、小針両氏による「指導者としての基本的な考え方」についての講義が開かれている。両氏の講義

内容において共通している点は、「質素」「倹約」「ハングリー」など精神面に関する事柄、「全員野球」の実践において育まれる「絆」の大切さなどに見られる。また、それらを育む上で、永田氏からは、同氏が生徒の将来を親身になって考え実践した例として、大学野球部との関係構築を積極的につとめて、選手の進路を切り開いた点が述べられている。

そして、最後に両氏から「甲子園」をテーマに「夢のステージ」ということばや「甲子園で勝つために実践したこと」などが語られている。こうした両氏からの指導論は、受講する若手指導者に対して、講義で配布されたレジュメのタイトルにもある「名将の金言」として、共通したイデオロギーの構築へと寄与するものであるといえる。

先述した受講者への事前課題への対応は、座学Ⅳ「部員とのコミュニケーションの取り方」と、2日間にわたり開催される「各班の報告、班別討議」において行われ、何れにおいても上述した永田、小針の両氏に塾長の山下氏が加わり、3氏がイニシアチブを取りながらディスカッションの形式で行われている。また、座学Ⅴ「不祥事の取り扱いと防止」において、高校野球独自の競技団体による不祥事への処分制度が解説されている。そして、同時に指導者の体罰、部員間の暴力やいじめへの防止を促すとともに、その発生時の対応については、高校野球の場合、各校独自の判断に委ねず、あくまでも日本高野連が中心である点が強調されている。

一方、技術指導については、実技Ⅰ～Ⅵまでキャッチボールから守備、打撃、走塁と何れも基本的な練習内容が中心であり、プロの真似をする以前に、共通の基本事項を大切にする姿勢が奨励されている。こうした技術面における基本の徹底は、高校野球における「高校生らしさ」への源泉に繋がる点でもあるといえる。

## 2－2　サッカー協会の指導者養成システム

次に、今後も日本高野連が競技者を獲得する上で、最も競合することが見込まれるサッカー界の指導者養成システムの内容について見ていくこととする。

表4－3は、日本サッカー協会（以下、JFAという）が、国内サッカー指

**表 4 − 3. JFA 公認サッカー指導者ライセンス体系**

| ライセンス区分 | | 指導対象・養成目的 | 受講資格 | 講習開催団体 |
|---|---|---|---|---|
| S 級 | | プロフェショナルのチームおよび選手 | 各 A 級ライセンス保持者 | 日本サッカー協会 |
| A 級 | ジェネラル | アマチュアトップトップレベルのチームおよび選手 | B 級ライセンス以上の保持者 | 日本サッカー協会 |
| | U − 15 | U-15 年代の指導のスペシャリスト | | |
| | U − 12 | U-12 年代の指導のスペシャリスト | | |
| B 級 | | アマチュアチーム及び選手指導の基礎固め（基礎 II） | 20 歳以上で C 級ライセンス保持者 | 都道府県サッカー協会 |
| C 級 | | アマチュアチーム及び選手指導の基礎（基礎 I） | 18 歳以上 | 都道府県サッカー協会 |
| D 級 | | C 級講習会の内容を、子どもの指導を中心に凝縮 | 18 歳以上 | 都道府県サッカー協会 |
| キッズリーダー | | 10 歳以下の選手・子どもたちに関わる指導者・保護者 | 15 歳以上 | 都道府県サッカー協会 |

導者向けに発行している公認指導者ライセンスをまとめたものである。サッカー協会の指導者ライセンス制度は、1993 年（平成 5）の J リーグ発足の際、トップチームの監督には JFA 公認 S 級ライセンスの取得が必要となったことを皮切りに、指導者養成が本格化した。現行のライセンスシステムは、2004（平成 16）年度に構築され導入されているものである。また、表 4 − 3 に加えゴールキーパー、フィジカル、フットサルそしてフットサルゴールキーパーに特化したライセンスもカテゴリー別に設定されている。

　一般的に高校部活動の指導者は、ほぼ制限がなく本人が希望すれば受講できる C 級コーチ養成講習会（受講定員最大 24 名）（以下、C 級講習という）を受講し、C 級ライセンスを取得した後、さらに B 級ライセンスへと昇級して監督に就いているケースが見られる。B 級コーチ養成講習を受講するには、都道府県サッカー協会の推薦が必要になるなど、C 級のそれに比べ受講条件が厳しくなるのと同時に、合格率もそれまでの段階と比べると一気に低くなっている。2020（令和 2）年度の JFA 統計では、B 級ライセンスの取得者が 6194 名に対して C 級の取得者数は 27,330 人にのぼっている。高校の部活動を指導する上で、必ずライセンスを取得しておかなければならないと

いった条件は定められていないものの、近年、ライセンスを取得する指導者の数は増加傾向にある。また、ライセンスは、取得後 4 年以内に JFA で定められている講習を受講することによって更新されるリフレッシュ研修制度が設けられている[7]。

　ここで、2016（平成 28）年度に B 級指導者講習会を受講した B 氏からの談話とともに、その講習内容を見ていくこととする。B 氏は高校サッカーの指導歴が 7 年（当時）の教員である[8]。B 氏が講習会を受けるようになったきっかけとして、近年、高校の指導者においても指導者資格の取得が個々の指導力の指標として認知されつつある点をあげている。

表 4 - 4.　2016 年度 B コーチ養成講習会カリキュラム

| | 1 日目 | 2 日目 | 3 日目 | 4 日目 | 5 日目 | 6 日目 |
|---|---|---|---|---|---|---|
| 朝食 | | | | | | |
| 1<br>8:30～10:00 | 12:00～<br>受付開始 | 指導の実践<br>① | 講義<br>コーチ役割 | 講義<br>プレー分析 | 指導の実践<br>② | 筆記試験 |
| 2<br>10:15～11:45 | 13:00～13:30<br>コース<br>ガイダンス | 指導の実践<br>① | 実技<br>ポゼッション | 実技<br>前線の崩し | 指導の実践<br>② | 閉校式<br>11:30～12:00 |
| 昼食 | | 12:00～昼食 | | | | |
| 3<br>13:45～15:15 | 13:45～14:45<br>講義<br>GK | 指導の実践<br>① | 講義<br>プレーの原則 | 講義<br>暴力根絶<br>ディスカッション | 指導の実践<br>② | |
| 4<br>15:30～17:00 | 15:00～16:30<br>実技<br>GK<br>16:30～18:00<br>ゲーム8:8 | 指導の実践<br>① | 実技<br>守備① | 実技<br>フィニッシュ | 指導の実践<br>② | |
| 18:00～夕食 | | | | | | |
| 5<br>19:30～21:00 | 講義<br>コミュニケーション<br>スキル | 指導実践<br>振り返り<br>講義<br>コーチング法①<br>プランニング | 指導実践<br>振り返り<br>講義<br>コーチング法②<br>プランニング | 指導実践<br>振り返り<br>講義<br>技術・戦術的<br>課題 | 指導実践<br>振り返り | |

　表 4 - 4 は 2016（平成 28）年度に開催された B 級コーチ養成講習会（以下、B 級講習という）のプログラムスケジュールである。C 級の講習では通

常７泊８日、Ｂ級は５泊６日の日数を費やすことから、現職の教員が受講するには少々厳しい条件ともいえる。日数は異なるが「甲子園塾」における講義と実技の時間配分を比較すると、Ｂ級講習の場合、実技 21 時間、講義 15 時間の割合に対して、「甲子園塾」では実技 8 時間、講義 10.5 時間で、講義が実技の時間を上回っている。

　こうした違いには、「甲子園塾」の実技講習ではあくまでも各講師が提案する基本的技術と基本的練習方法に留まっているのに対し、Ｂ級講習の実技では、Ｃ級講習で学んだ指導をふり返る指導実践①と 2、3 日目のＢ級実技講習で学んだ内容をふり帰る指導実践②という 2 つの段階が設けられており、カテゴリー資格試験までを見据えた系統的なプロクラムが展開されている。そして、指導実践ではインストラクターが受講者に実技講習のテーマをランダム提示し、各受講者は、与えられたテーマに対する指導をシュミレーションする形式で行われる。

　実技の講習では、受講者が選手役に化すかもしくは開催地周辺校の高校生をモデルに、インストラクターがテーマに沿った指導を行う。そして、参加者は各々にそれを体験し、もしくはそれを見ながら指導案を作成するという内容で行われている。因みにＣ級講習では、実技に 24 時間の時間が設けられているなど、カテゴリーに関係なく実技が優先されているといえる。また、座学に関しても実技に連携した内容が多く、「コーチの役割」と「暴力根絶」以外はほぼそれにあたる。

　講習に参加する講師は、その多くが JFA の指導員で、「甲子園塾」のように現役の高等学校の監督でそれを兼ねているケースはない。また、Ｂ級以上の講習を務める講師陣はそのほとんどがＳ級指導員のライセンス取得者である[9]。このように、高校サッカーの指導者が、指導者養成として教育を受けるプログラムは、高校野球のそれとは異なり、Ｊリーグをトップとしたサッカー界のヒエラルキーシステムの中に一体化されたものである。また、サッカーにおいては JFA が、Ｃ級とＢ級コーチに向けた指導教本として『JFA サッカー指導者教本』を出版するなど、一定の標準化された指導マニュアルが構築されている。

## 3. 甲子園塾のもつ意味

### 3−1　講習内容からみたサッカーとの比較

　甲子園塾に参加したA氏は、自身と同じ立場に立つ全国の若手指導者と交流し、意見を共有できたことは、今後も高校野球を指導するにあたりたいへん有意義であったと語る。そして、同時に日本高野連のもつ一元化された組織の自立性を大いに感じたという。さらに、その組織のもつ権力構造について、今後も揺れ動くことなく継続されていくであろうといった感想を述べている。

　一方、サッカーのライセンス取得に向けて講習会に参加したB氏は、実技講習について、C級養成講習で受講した内容と比べ、B級のそれはインストラクターが受講者へ指導方法を教えるというよりは、むしろ指導内容を見せるという方向へ移行し、各受講者がインストラクターの指導を、どのように受け取り、どのようにして自身の指導法に応用していくかを試されるかたちで行われていたと語る。そして、指導方法そのものが、受講者各々の感性に委ねられていく過程を体験できたという。

　これらの体験談からは、それぞれの組織において、指導者養成に対する目的とその意味の違いが見受けられる。サッカーの場合には、JFAが基軸となり、プロからアマチュアの若年層までをカテゴリー分けし、それぞれのガイドラインに一定の繋がりを設けながらも、各指導者に対しては、コーチングの独自性を見出すための内容が多く含まれている。そして、講習の中身は教本の内容にとどまらず、受講者には、各自でどのように考え解決していくかといった「多様な創造性」が求められている点が捉えられる。

　これに対して、日本の野球界においては、プロ・アマの関係などがようやく緩和されつつある段階であり、第3章で述べた通り野球界全体を完全に総括する組織はなく、一元化されたライセンス制度の構築までには、まだ時間を要することが見込まれる。そして、こうした構造の中で、「甲子園塾」とは、日本高野連が独自に描く高校野球のイデオロギーをもとに開催されているということができよう。

　さらに、高校野球の場合には、教本によるエビデンスではなく、より個別
の経験値から様々な指導の論理が成り立っている側面が大きい。そうした点
からみても、「甲子園塾」においては、講師を務める高校野球のカテゴリー
で名将といわれる指導者への共感から、講習に参加した若手指導者の間に
「全体主義的な一体感」が醸成され易い内容となっている。即ち、「甲子園塾」
とは「ティーチング」を中心とした、高校野球に対する観念を養生する場であ
ると捉えられる。

　他のカテゴリーの野球関係者は対象とせず、「塾」という名称を用いその
受講者を、高校野球を指導する教員の中から選別している「甲子園塾」は、
日本高野連が中央集権的な組織である点や、あくまでも高校野球は「教育の
一環」であるといった点への理解を、組織の成員に強く促している。さらに、
その内容は、組織のもつ一元的な価値に基づき、高校野球の指導者に対して、
各々の同質性を高めるためへの機能を果たしているといえる。

## 3 − 2　社会類型による組織構造の分析

　最後に、「甲子園塾」のもつ意味に基づき、デュルケームによる社会連帯
の理論を援用し、日本高野連のもつ組織構造について分析する。

　デュルケームは、『社会分業論』において、人々を互いに結びつける絆は
何なのかという問題を提起し、社会的連帯について分析を加えている。そし
て、その際、社会構造の側面からみて、前近代的な凝集性による集合意識の
強い社会を機械的連帯と表現し、近代以降のセクショナリズムの進行によっ
て、合理化をともなう個人化の過程とともに生じた、集合力の弱体した社会
を有機的連帯と2つに分類している。彼は、近代以降、生産工程が多くの段
階に分かれ、それぞれの工程で、労働者が分担して製品を完成させる分業の
発展によって、個別的に機能が分化し、機械的連帯からやがて有機的連帯の
社会に移行するという社会変動を想定している。

　機械的連帯とは、集合意識の強い社会連帯であり、その内部では、集合意
識が個人意識に優越し、いわばミミズの環形のように同質的で類似的な諸部
分が機械的に接合しており、その内部では共通の信念や慣行がゆきわたった
環節型社会ができあがっている（森岡他編, 1993：229）。さらに、そこで

は抑止的な宗法が定められ、集団規範への違反に対して、受講者には身体的な苦痛を伴う厳しい制裁が与えられる。そして、この制裁の厳しさに伴ってさらに集合意識が高まり、個人に対してより大きな作用を及ぼすこととなる。

　一方、有機的連帯とは、近代以降の分業に由来する機能別の連帯である。そこでは個人の人格が尊重されることで、機械的連帯による環節型社会と比べ、集合意識が衰弱して個人意識が優越する。それ故に、個人は容易に自ら独自の方向をたどるようになるのである。また、行為規則と思考規則とが一般的に不確定であれば、それらの個々の場合に適用するために、より多くの干渉が生じるのである（Durkheim, 1893 = 1971: 150）。そして、そこでは様々な法が整備され、各領域での諸機能が規則正しく協力するように作用するのである（作田，1983：32）。この場合の法は、機械的連帯の中で施行されていた抑止的な法律ではなく、刑期や罰金によって罪を解消する個人へ向けた回復的な法律が中心となる。

　ここで、この理論をもとに日本高野連の内部構造を分析すると、その成立期をみれば、戦後、学生野球関係者によって、民主的に設立された競技団体であり、封建的な強制によって結ばれた共同体ではない点が大いに理解できる。そして、組織の成員である野球部員や指導者に対する「学生野球憲章」による規約は、回復的な近代法に準じて競技団体が自ら制定した内容に対して、競技団体を構成するメンバー自らがそれに従うといった自主規制であるということがいえよう。

　しかしながら、その一方で、「甲子園塾」の内容をみると、それは若手指導者に対して、彼等のイデオロギーの同一性へと寄与するものであるといった点が捉えられる。このことから、そこには環節社会に類似した社会連帯が形成されているともいえよう。さらに、第2章で述べた処分規約の中身には、期間を定めた有機的連帯の中で施行される回復的な法律のなかに、機械的連帯の社会に設けられていた抑止的な「連帯責任」を負うという内容が制定されている。また、第3章であげたプロ・アマ関係による指導上および交流への規制は、職業選択の際、個人への「自由権の抑制」にも繋がるものである。

　これらの内容を踏襲すると、日本高野連は、戦後、民主化の中で野球関係者によって設立された近代的な社会連帯に由来する競技団体であるものの、

その内部では、組織の成員が相対的に閉じた空間内で結合しあい、前近代的な機械的連帯に類似した制度のもと環節型社会を構築している点が見受けられる。そして、こうした組織の内部構造が他の競技団体と比較して、たいへん特異であり大きな特徴をなしている部分であるといえる。

## おわりに

　本章では、日本高野連が開催する指導者養成講習会「甲子園塾」において、近年、元プロ野球関係者が高校野球を指導することへの規制が緩和されたにも関わらず、その参加資格を学校の教諭に限定されている点について、そのことが示す意味を明らかにすることを目的とした。そして、まずはじめに、他競技の中でもっとも競技人口の増加が著しく、今後、野球界の競技者の獲得に対して、最も競合関係にあると思われるサッカー界を例にあげ、組織内容の違いに触れた上で、それぞれの競技団体が開催している指導者養成システムについての比較を行った。

　その結果、プロからアマチュアの若年層までを統括する競技団体をもったサッカー界と、同様の統括団体を持たない日本の野球界の違いが、同じ高校生を指導するにあたってのマニュアルに大きな相違点を生んでいる点が明らかとなった。具体的には、サッカーの場合にはキッズのカテゴリーからアマチュアのトップレベル、さらにはプロのレベルへとそれぞれのレベルへの繋がりを持った技術指導の発展がなされているのに対して、野球の場合には日本高野連が独自に、高校野球を指導するにあたってのイデオロギーを中心に添えて展開する内容となっている。

　前章までに述べてきたように、日本高野連は、日本の各野球組織の中でも特に自立性の高い競技団体であり、ひとつの教育機関として、文部科学省にも対抗するかたちで設立された組織である。また、文部科学省に対抗しながらも、「教育の一環」というイデオロギーを掲げ、再び学校教育と一体化することで、同じ野球であってもプロ野球との違いを明確にし、さらに、プロと融合する他の高校スポーツとの違いを露呈しているのである。こうした観点から、近年、高校野球とプロ野球との関係性が緩和しようとも、「甲子園塾」

における現職の教諭に限った参加規程には、高校野球の指導は教員免許をもつ教員が行うべきであるという日本高野連の理想を示唆したものであるといえる。

　さらに、「甲子園塾」の講習内容からは、戦後、中等野球を基軸に特定の関係で結ばれた民主的な組織であるにも関わらず、集合意識が個人意識を優越した状態をもって指導者の同質性を導いているといえよう。そして、それはデュルケームのいう、近世までの機械的連帯によって結合した組織の構築にも寄与している点がうかがえる。また、受講者が個人的な参加ではなく、地方高野連からの代表という立場で参加し、中央から得たイズムを地元の指導者に還元するというシステムを、サッカー界の指導者養成講習における個人的で自由な参加に基づいた内容と比較したならば、日本高野連が共通の信念や慣行のもとで、統一的な全体社会を理想としている点が理解できる。

【註】
1）　2021年度の全国高等学校体育連盟および日本高等学校野球連盟の登録者数をまとめると以下の通りとなる。

表4－5. 高校生競技別登録者数(男子)の比較（人）

| | 競技 | 人数 |
|---|---|---|
| 1 | サッカー | 149,637 |
| 2 | 硬式野球 | 134,282 |
| 3 | バスケットボール | 85,368 |
| 4 | バドミントン | 68,681 |
| 5 | 陸上競技 | 62,804 |
| 6 | 卓球 | 50,266 |
| 7 | バレーボール | 49,462 |

出所：日本高等学校野球連盟, 2021, 2023年2月16日取得, http://www.jhbf.or.jp/sensyuken/speCtators/, 全国高等学校体育連盟, 2021, 2023年2月16日取得, https://www.zen-koutairen.com/f_regist.html。

2）　硬式野球とサッカーの登録者数選手を年度別に比較すると以下の通りとなる。

表4－6. 高校硬式野球と高校サッカーの競技団体による年度別登録人数の比較

（人）

| 年度 | 2012 | 2013 | 2014 | 2015 | 2016 | 2017 | 2018 | 2019 | 2020 | 2021 |
|---|---|---|---|---|---|---|---|---|---|---|
| 硬式野球 | 168,144 | 167,088 | 170,312 | 168,898 | 167,635 | 161,573 | 153,184 | 143,867 | 138,054 | 134,282 |
| サッカー | 155,815 | 158,199 | 164,944 | 168,094 | 169,855 | 165,977 | 165,351 | 162,397 | 157,356 | 149,637 |

出所：3）に同じ

3)　日本クラブユースサッカー連盟による 2020 年度の統計では、高校生世代を対象とした U18 のカテゴリー 124 チームに、3,507 名の選手が登録されている。出所：一般財団法人日本クラブユースサッカー連盟，2023 年 2 月 16 日取得，https://www.jcy.jp/about。

4)　全国高体連の「競技者及び指導者規定」第 4 条「競技者の禁止事項」(2) では企業からの金品支給、物質的利益を受けることが禁止されており、企業のコマーシャルロゴをユニフォーム付けることで、金銭的支援を受けるケースはこれに当たり禁止事項となる。

5)　A 氏は 1990（平成 2）年生まれ。聞き取りは令和 4 年 2 月 6 日に行った。

6)　現在、日本のスポーツ競技において、財団法人日本スポーツ協会が 66 件の競技・種目に対して、同協会が認定する公認スポーツ指導者制度を設けている。高等学校の部活指導者にも認知されているものの、指導者認定を受けた教員は全体として過半数に至らない状況でもある。また、サッカーにおいては日本サッカー協会がプロ選手から 10 歳以下の指導まで、6 つのカテゴリーに対象を区分して指導者ライセンスを発行している。

7)　リフレッシュ研修制度とは、1 コマ 2 時間程度で講義、実技、指導実践の各講習を受講し、受講した 1 コマ毎に 5 ポイント付与されるポイントを、4 年間で40 ポイント獲得することでライセンスが更新されるシステムである。

8)　B 氏は 1989（平成元）年生まれ。聞き取りは令和 4 年 2 月 19 日に行った。

9)　JFA の統計による 2022 年度の指導者養成体制の中で、B 級講習以上のインストラクター 42 名のうち 30 名が S 級指導者資格を取得している。

# 終章

# 1. 本書のまとめ

## 1－1 慣習的行為の継承とは

　本書では、まずはじめに、高校野球の世界における野球部員の独特な慣習的行為が、どのようにして作り上げられ、また、どのような過程を経て現代まで継承されてきたのかについて、歴史的な動向と、現代の公式試合で奨励されている行動様式を辿りながら明らかにすることを目的とした。

　高校野球の前身である中等野球は、早いところでは明治期に旧制高等学校のOBや外国人教師などによって伝播していた。しかし、その中において統一されたイデオロギーを示すものは見られない。唯一、関連づけて考えられるものは、近代日本において、国家における学術、政治、芸術など各分野の上層階級を養生していた旧制第一高等学校の課外活動のなかで、野球部がイデオロギーとしていた武士道である。将来の日本を担うべく最上層の成員候補生には、旧特権身分層であった武士の道徳をもって自己を鍛錬するといった志向が、近代スポーツを行う上でも取り入れられていたのであった。

　大正期に入ると中等野球は、他の旧制高等学校や大学のOBから上意下達のかたちで多くの旧制中等学校に広まる。しかし、明治期の晩年には既に、野球部員が野球に熱中するあまり学業を疎かにするケースや、試合の判定や勝敗をめぐる暴力の発生などが問題となっており、東京朝日新聞社は学生野球全般に対する批判を「野球と其害毒」と題して連載していた。

　一方、このような風潮のなか、同系列の大阪朝日新聞社は、1915（大正4）年8月に、現在まで続く夏の甲子園大会の前身である中等野球の全国大会を開催したのである。大会を挙行するにあたり同社は、野球は外来の競技でありながらも男性的で、その中身は国民性に一致する点を強調するとともに、武士道をその象徴としたのである。そして、ここに、「礼に始まり、礼に終わる」などの武士道を手本とした道徳上の儀礼が、中等野球における慣習的行為として成立するのである。即ち、現代の高校野球の現場でも感じられる武士道的なイデオロギーは、大会を主催する新聞社側が、メディアイベントの開催を正当化する手段として取り入れたことがその起点であるといえる。

　第1章では、こうした武士道を象徴とした野球部員の儀礼について、デュルケームの宗教概念における聖と俗の世界を二分するという儀礼論の枠組みから分析を加えた。中等野球の全国大会が開催された時代は、国家の象徴が天皇であるという信念が共有かつ強要されていた時代であったともいえる。従ってそうした社会的潮流の中で、武士道を中等野球の象徴したことは、「野球害毒論」で根付きかけていた学生野球への悪評を払拭し、中等野球が国民的スポーツとして再出発する際に最適であったといえよう。

　さらに、中等野球の理想とした武士道的なイデオロギーは、昭和に入り国家主義の高まりとともに、それらに合致した全体主義社会の象徴へと置き換えられることによって、大規模な大会を継続することを可能にしていたと捉えられる。そして、この時代には武士道的な儀礼に加え、組織内の凝集性を根底とした集団主義的な印象が加わるのである。このような過程を経て、グランド内での野球部員の行為は、デュルケームのいう宗教的信念のもとで行われる儀礼と同じく、集団内部の共通意識を表現する行為として、常に厳粛な態度をもって慣習化されていったのである。

　以上のような歴史的背景から、戦前の中等野球の現場では、常に時代の国体に見合ったかたちで、武士道や集団主義的なイデオロギーをその象徴として展開されていたことがわかる。しかし、現代では武士道という旧特権身分層の道徳や、家族主義的な集団主義が擁護される時代ではない。即ち、戦後の民主主義の時代には、本来ならば受け入れられにくい内容が、高校野球の世界において継承されているのは何故であるのかという疑問がここでさらに生じるのである。そして、この点に関しては、他の高校野球研究においても、その理由について十分に答えられていない。そこで本書では、筆者の長年に亘る指導現場での経験をもとに、高校野球の現場で継承されている慣習的行為の源泉について再考を加えた。

　現代の高校野球において、野球部員のグランド内で行われる特定の儀礼的な行為とは、グランド内での全力疾走や声を出しての挨拶など、絶えず気合のこもった溌溂とした態度のことを指す。そして、そうした態度は、彼らのグランド外での態度とはほぼ異なった内容である。こうした傾向は、ゴッフマンが役割演技の理論で述べているように、それぞれの立場に見合ったかた

ちでの立ち振る舞いが実践されていると捉えられる。もっともこうしたホンネとタテマエのような傾向は、戦前においても同様であろう。

　しかし、中等野球の時代には、武士道や国家主義といったイデオロギーが、集団を象徴とする当時の時代精神として、絶えず野球部員の近くにあったといえるが、現代においてそれらは、おおよそ昔話の世界を真似ているといっても過言ではない。それにもかかわらず、現代の高校野球においてもそうした慣習的行為は、何故維持されているのか。以下に関連する2つの要因を述べる。

　まず1つ目は、公式試合において奨励されている行動様式の中で、「試合を早く進めるための徹底事項」や「マナーに対する徹底事項」、さらには「用具に対する使用制限」などから派生する「高校野球らしさ」の生成である。また、同様の諸注意は、公式試合の前に先攻後攻を決める場で、絶えず審判団から両チームの主将および野球部の責任教師にも直接アナウンスされている。このように、プロ野球とは異なり、常に集団的で俊敏さを理想とした行動様式への注意喚起が、公式試合の場で反復されることによって、戦前と変わらぬ野球部員としての慣習的な行為が、彼等に内面化されていくのである。

　さらに、もう1つの要因として関連づけられるものは、甲子園大会の主催者である新聞社を中心としたメディアによる高校野球のドラマ化である。戦前、前世での武士道を中等野球のイデオロギーとして、全国大会の開催を挙行した新聞社は、戦後、高校野球の時代においてもそのイデオロギーをスローガンとして継続し、さらには戦中に培った集団主義的な行動様式の実践を、美談などを通して表現し映し出している。こうしたメディア側の手法が、人びとに高校野球の世界が戦前から変わらぬものであるという印象を与えるのである。また、われわれはこうしてメディアから発進された内容をもとに、それらを高校野球のイメージとして醸成し、公式試合での野球部員の行動様式をそのままのかたちで受け取り、日常においても彼等にその実践を期待するのである。

　以上のような構造について、筆者は、ゴッフマンのドラマトゥルギー論を援用し、野球部員の行為について野球部員をパフォーマー、競技団体の役員や指導者、大会主催者であるメディアを舞台スタッフに、そして、その他高

校野球を認知している人びとをオーディエンスと規定して考察を加えた。その結果、日常の野球部員の行為は、パフォーマーとしての印象操作への役割が大いに含まれており、そこには舞台スタッフからの演出が大きく関わっている点を、公式試合での規則に絡めて明らかにした。

　このような内容を踏まえると、公式試合での野球部員の行為は、集団に対する信念の強さによって示されているものではなく、甲子園大会を基軸とした公式試合での行動様式をモデルとした、高校野球を演出する側と見る側の双方からの要求によって実践されているといえる。即ち、公式試合において奨励されている行為は、外部からの要求による高校野球の印象を崩さぬための手段でもあり、野球部員は決められた行動様式を特定の役割として演じているということになる。

　以上にあげた２つの要因から、高校野球における野球部員の慣習的な行動様式は、その外見からは戦前の武士道や精神主義を継承しているようにも見えるが、実際には、野球部員の儀礼的な配慮をもった相互行為や、メディアによる高校野球を印象づける演出によって維持されていると結論づけることができる。

## 1－2　規約の持つ意味

　高校野球における規約の源泉である学生野球憲章を堅持する日本高野連について、本書では、その組織設立の経緯を踏まえた上で、他の高校スポーツには見られない処分制度が、日本高野連にとってどのような意味をもつのかについて明らかにすることを目的とした。

　日本高野連の設立は戦後である。第２章で示した通り、全国大会が始まった 1915（大正 4）年から 1932（昭和 7）年までは中等野球を統括する組織は存在せず、規約に代わるものといえば民間のメディアによる大会規程のみであったといえる。即ち、民間企業が中心となり全国大会が行われるなど、中等野球は民主的な運営形態の中でその人気を得ることになったのである。しかし、そうした中等野球人気による商業化等を懸念する政府は、野球部員の思想の善導や学生野球全般の健全化を理由に、文部省（当時）の訓令として野球統制令を施行したのである。そして、このように中等野球が民主的な

運営形態から始まったにもかかわらず、国家による統制へ移行したことが、戦後、野球関係者のもとで日本高野連が設立された大きな要因となるのである。

　戦後、日本高野連の前身にあたる中等野球連盟の設立に奔走した佐伯は、「文部省の不当な介入を招かないためにも、連盟は必要」（日本高等学校野球連盟編 1976 : 23）であると関係者に呼びかけている。こうした佐伯の構想によって設立された日本高野連は、先に示した民主的な運営によって築かれた中等野球を、野球統制令による国家の専制から解放するための組織として誕生したといえる。本書では、こうした観点から、日本高野連についてデュルケームの中間集団論を援用して考察を加えた。

　デュルケームの中間集団論には 2 つの主張がある。1 つ目は中間集団の権力が高まることで成員の自由が拘束され、そうした場合には国家の権力が中間集団のそれを上回ることで、個人の人格が解放されるという主張である（Durkheim 1950=1974: 98）。そして、2 つ目として、国家権力は専制的に高まる可能性を含むため、そうした国家権力と拮抗する中間集団が必用であるという点についても主張している（Durkheim 1950=1974: 98）。即ち、そこには中間集団の存続の問題性と、中間集団の不在の問題性という 2 つの理論が含まれているのである。

　第 2 章では、日本高野連について、後者で述べられている中間集団の不在の問題性を出発点とし、処分規約の変遷を辿りながら組織のもつ権力構造について分析をした。その結果、文部省からの統制に対抗して設立された同団体は、文部省の管轄下にある高等学校に対してたいへん対抗的である点が明らかとなった。その象徴といえる内容が、連帯責任を伴う独自の処分規約である。それらは、学校の課外活動でありながら、野球部や野球部関係者への不祥事処分が、競技団体の権限によって行われている。即ち、こうした点からみて日本高野連という競技団体は、文部科学省と野球部・野球部員の間を媒介する中間集団であり、それは、中間集団の不在の問題性によって民主的に設立された教育機関として、政府系の教育機関とは常に対抗的な関係にあるといえる。

　しかし、このように、設立当初は野球関係者によって、国家統制から中等

野球を開放するために設立された中間集団も、やがて、その成員をおもうがままに拘束し形成・陶冶する方向へと向かうのである。第2章で述べた連帯責任を伴う処分制度や、第3章で注目した高校野球のプロ・アマ問題などはその例であり、日本高野連が野球部員個人の自由を拘束し、彼らの権利を独占する局地的な権力として機能している点を示している。では何故、民主的に設立された日本高野連はこのような形態に変化したのか。ここにも、第1章で示した高校野球のイメージを守るためへの手法が込められているのである。

　日本高野連が中間集団として再び国家による統制を避けるためには、より自立性を高める必要がある。そして、そのためには内部への統制力をより高める必要がある。即ち、外部からの統制や中傷に対して自らを守るためには、外部にはないより厳しい処分制度を含む規約をもって、他方からの干渉を避けなければならないのである。そうした意味で連帯責任を伴う処分制度は、外部に対する組織の防衛手段として、他にはない集団主義的なイメージを高めながら、同時に組織内部への統制力を高めることで自立性を強化しているのである。しかし、こうした処分制度は、不祥事に関係していない野球部員に対して、個人の権利を拘束し、野球の対外試合をするという自由への大きな妨げになることはいうまでもない。

　このように、規約の中身から見た日本高野連は、中間集団の不在の問題性を抱えた野球関係者によって設立された集団であるが、処分規約を制定し中間集団としての自立性を強化することによって、その成員を拘束する個別的な権力が高まった状態にあるといえる。そして、こうした権力構造の変化が、今度は中間集団の存続の問題性を抱えることとなるのである。第3章では、そうした日本高野連の権力構造が弛緩することによって、新たに得られる成員への効果について、高校野球界とプロ野球界の関係改善後の事例によって明かにした。

　2013年から開始された元プロ野球関係者を対象とした「学生野球資格回復制度」の導入は、高校野球の世界に対して、これまでの精神論のみに頼るのではなく、より合理的かつ機能的な考え方を導くきっかけにもなっている。しかし、互いに人気を博している高校野球とプロ野球が、なぜこれまで断絶

の関係にあったのか。そこには、日本高野連とプロ野球を統轄するNPBとの組織的な相違が大きく関連しているのである。

　日本高野連とNPBのそれぞれを、設立段階から今日までの歴史的背景をもとに比較すると、日本高野連は先述した通り、戦後、国家からの統制に対抗して民主的に設立された組織であり、企業体として経済的利益の充足を目的として発足したNPBとは異なるタイプの集団である。中でも「野球は教育の一環」としての独自の理念をもつとともに、「無報酬主義」という他にはない共同体的な思想を貫いている点など、プロ野球との根本的な組織機能の違いがその対立関係に大きく繋がっているといえる。つまり、そうした違いによって、高校野球が「無報酬主義」をもって「アマチュアリズム」のイメージを維持していくには、プロ野球のとの間に一定の距離を保つ必要があるということになる。さらに、そうした関係の中で、プロ野球側からの野球部員への行き過ぎた勧誘行為が「アマチュアリズム」への弊害となり、高校野球側からプロ野球側に対して、一方的に高い壁が設けられることとなったのである。

　また、第2章で紹介した佐伯や、戦前から戦後にかけて中等野球・高校野球を先導した飛田らの、技術を見せるプロ野球に対する嫌悪感と、純真さを理想とする高校野球をよしとする対抗的なイデオロギーもその要因として見逃すことはできない。しかし、高校野球の側から対立関係を築き、断絶を維持してきたといえるプロ・アマの関係も、2013年以降は、資格回復制度によって新たな局面を迎えているといえる。

　プロ・アマの断絶回復後に実施した、高校野球の指導現場における筆者のインタビュー調査では、元プロ選手の指導によって伝えられた、科学的なコンディショニングの導入から機能改善までの過程は、これまで高校野球の世界で慣習化されていた常識を、あらためて見直すきっかけとして、たいへん発展的であるという点を実証することができた。そして、このことは中間集団としての日本高野連の権力が弛緩することによって、その成員である野球部員が解放され、あらたな技術や知識を身に付けることが可能となった一例として捉えられる。

## 1－3　高校野球が再生産される構造

　最後に、第1章から第4章において明らかにした内容が、どのような繋がりをもって高校野球の世界が再生産されているのかについて、その構造をまとめることとする。

　第1章で示したように、グランド上で展開されている野球部員の慣習的行為は、戦前の精神主義や集団主義のような印象をわれわれに与えるが、現代では野球部員の儀礼的な配慮を持った相互行為によるものへと変化している。それらは、実際には形式化しているだけの行為であり、各野球部員はグランドの内外において、そうした行動様式を使い分けているのである。野球部員にとって、武士道的な儀礼をモデルとした礼儀作法や、「高校球児らしさ」の象徴とした一生懸命さへの演技は、公式試合で求められる行動規範がその源泉となり、グランド上で行うべき行動様式として観念的に野球部員に継承されていると捉えられる。

　また、一発勝負の夏の大会では、甲子園球場での全国大会のみならず、最後の打者はアウトと分かりながらも1塁ベースへ向かってヘッドスライディングをする。さらに、甲子園大会になると敗者は砂を拾う。そして、これらは常にメディアからの映像を通して高校野球の「一生懸命さ」や「さわやかさ」を醸し出す儀式として定着していく。さらに、そうしたイメージを醸成するための仕掛けとして、大会規定においても、スピーディーさをはじめとした「高校野球らしさ」を印象づける内容が予め定められているのである。そして、こうした要因からも、高校野球を印象づける土台が守られているといえよう。

　さらに、そこには第2章で明らかにした日本高野連の定めた規約との関連が大きいといえる。組織における法としての規約は、野球部員が外の世界と関わることを抑制することで、彼等の思考を絶えず拘束しているのである。即ち、日本高野連はデュルケームのいう中間集団の存続の問題性を含みながらも成員を手中の収め、政府系教育機関や他の企業体との距離を設けながら独自の統制力を高めているのである。特に連帯責任を伴う厳しい処分規約は、内部への統率力を高めると同時に、他の集団への見せしめとしての効果を担っているといえる。そして、何よりも連帯責任は集団主義の遺産として、

高校野球のイメージを戦前と変わらぬものへとつなぎとめる効果を持っている。また、プロ・アマにおける規約においては、教育の一環として、アマチュアリズムのイメージを維持するためにも大きく寄与しているといえる。

　以上のように、高校野球の世界では、行為のレベルにおける「タテマエ」としての行動様式と、集団のレベルにおいて維持されている「厳しい規約」が補強関係となり、指導現場において双方が互いに絡み合うことによって、戦前と変わらぬ印象をわれわれに与えているのである。そして、そうした補強関係を維持していくにあたり、大きな役割を担うのが現場での指導である。

　第4章で示した、高校野球の若手指導者に向けた講習会「甲子園塾」では、受講者に対して、高校野球は「教育の一環」である点を基軸に、野球部員の行動様式や組織の規約についての理解を育むみ、野球技術への指導力以前に、組織が望むイデオロギーを継承する場として機能しているといえる。そして、そのことは、日本のサッカー界にける指導者養成講習のシステムと比較することによってより一層明らかになる。

　しかし、実際には、高校野球の世界に抱かれる印象と、現代社会における行動様式とのギャップは年度を重ねるごとに大きくなる。こうした点への対応として、行動様式においては、髪を伸ばした選手を許容し、規約の上では連帯責任を伴う処分の緩和やプロ野球との交流に門戸を拡げるなど、近年になって双方ともに弛緩する傾向が見られる。そして、今後も日本高野連には、現代社会とのづれに対して、そうした弛緩的な対応が課されることが予測される。しかしながら、その一方で、他の高校スポーツにはない観客動員数を集めながら、外部との商業的な関係を排除し、その内部での無報酬主義を貫く限り、日本高野連の中間集団としての自立性は維持され、中央集権的な組織体制は今後においても継続されていく可能性を大いに含んでいるといえる。

## 2.　本書の意義

　次に、本書で展開してきた諸論を踏まえて、高校野球の研究としての学術的な意義を示していく。

　これまでの高校野球についての学術研究では、歴史叙述がその大部分を占めている。なかでも有力校の変遷、著名な選手や指導者に焦点を当てたものが多く、それらはやや一元的な観念を導く傾向がある。また、制度史においては戦前の野球統制令に関する諸研究が中心であるが、それらは制度の制定に関わった人物のみの言説に頼るところが多い。そして、戦後の学生野球憲章の研究においても同様の傾向に留まる。こうした先行研究を踏襲した上で、本書では、第1章においては、戦前までの言説に対して、デュルケームのいういかなる物も「聖なる物」の対象となるという社会学の理論をフレームとして、戦前から社会情勢の変化に対応することで、常に注目を浴び続ける中等野球の特異性について、これまでにはない理論社会学による分析によって浮き彫りにすることができた。

　さらに、戦後の動向において、一見、高校野球の世界では戦前の精神論的な気質を継承していると捉えられがちである点に対して、公式試合で用いられる行為への徹底事項を中心に、高校野球らしさの創出について、ゴッフマンのドラマトゥルギー論を援用し、実際には競技団体とメディアの双方によって演出されている点を明らかにした。また、そこには競技団体が最も掲げている「教育の一環」としての倫理的則面との関りが大きく、アマチュアリズムの徹底に準拠するべく、他競技および他の階級の野球との違いを写し出すためへの手段として機能している点を明示した。こうした点は、本書がもつひとつの意義として捉えることができよう。

　また、これまでの社会学による高校野球の学術研究においては、メディアによる商業戦略を中心とした研究の蓄積はあるものの、いずれの場合もひとつの恣意的な内容に留まる部分が多い。例えば、連帯責任を伴う処分制度が何故維持されているのかという問いについて、これまでの研究によれば、処分制度はメディアが作り上げた高校野球の真正な物語の仕掛けとして機能していると結論づけるなど、ジャーナリズムの世界で前提となっている、メディアを中心に添えた観点と相違はなく、充分な説明として受け入れることができていない。また、同様に、学生野球憲章を基軸とした高校野球界の諸問題への研究においても、日本高野連のあらゆる制度について、歴史的過程を整理することでその要因を分析するに留まり、日本高野連が生み出す独自性

について、その根本的な構造に留意した説明はされていない。

　第2章、第3章では、スポーツ社会学分野で定説とされてきた学術研究において、これまで十分に留意されていない点として、「連帯責任」を伴う処分制度や「プロ・アマ問題」への規制といった高校野球独自の制度に焦点をあて、なぜこうした規約が成立しているのかという点について、その歴史的変遷への調査や、実際の指導現場におけるフィールドワークによる実証を行った上で、中間集団論をフレームとした理論社会学による分析を加えて研究を重ねてきた。そして、その結果として、高校野球の特異性に対してよく耳にする「なぜ高校野球だけが」という素朴な問いに対して、これまでの学術研究に見られない、より論理的で立体的な説明ができたことは本書のもつ大きな意義であると考える。

　さらに、第4章において、これまで学術分野であまり注視されたことのない、高校野球の若手指導者養成へ向けた取り組みである「甲子園塾」の内容を、サッカー界の指導者養成講習のそれと比較したことで、双方の講習の持つ意味の違いを見出すことができた。そして、その内容から「甲子園塾」が日本高野連の中間集団としての自立性を補強するために機能している点を明らかにできたことは、前章までの内容を踏まえ、その発展に寄与するものである。

## 3.　今後の課題

　最後に本書では展開できず、今後への課題となる内容を明示する。

　まず、第1章における戦前のイデオロギーについて、実際に当時プレーしていた経験者を通じて量的なデータを採取することは困難を極める。戦前の中等野球の時代に遡り、如何にして当時の「ホンネ」と「タテマエ」に近づくかが今後検討していく課題として残された。

　第2章においては日本高野連が連帯責任をなぜ維持しているのかについて、競技団体の側から、組織の背景にある政府やメディアとの社会的関係について、理論社会学をもって、これまでにはなされていないその構造の分析を試みることができた。しかし、実際に連帯責任は野球部員にとってはどのように受け入れられているのかについての視点はやや弱い。

　今後、連帯責任を伴う処分制度の研究においては、処分によって試合をする権利を剥奪された野球部員や、処分に繋がる不祥事を犯した野球部員のその後など、高校野球が教育の一環である以上、処分を受ける側に注目することも必要であると考える。そして、連帯責任の是非を問うていくことも本研究を継続していく上で必要となる課題である。

　第3章では、元プロ野球関係者が高校野球を指導する際に設けられていた規制が、資格回復制度によって緩和されたことについて、指導現場から一定の評価を受けているケースを中心に論じた。しかし、今後はフィールドワークを通して、この件に関してネガティブに捉えられる事例について触れていくことも必要になる。

　また、本研究では、プロ・アマの壁について中間集団論による組織形態の違いや、佐伯や飛田のイデオロギーの継続、さらに戦後のプロ側による選手勧誘の問題について論じてきが、資格回復制度によって、高校野球側からプロ野球側への対抗関係が緩和されたなかで、第4章であげた「甲子園塾」の受講条件にある、「現在教諭であること」という元プロ野球関係者への見えない壁について、講習会の指導体制も含み、今後もその内容の動向を見届けながら分析を加える課題を残している。

　最後に、本書では全体を通して高校野球の甲子園大会が、中等野球の時代から注目を集め人気を博している点について論じてきた。しかし、この大会が大観衆を集める人気の理由については明確に分析できていない。さらに、日本野球界におけるヒエラルキーの中で、なぜ高校野球の人気が維持されているのかという問いについて、これまでの野球史を中心とした高校野球の研究においても明らかにはされていない。今後、高校野球の研究を継続するにおいて、こうした人気の理由を明らかにするために、単なるメディアによる商業戦略や日本社会における時代精神などに限定せず、理論社会学の枠組みをもって取り組んでいきたい。

　本書で行なってきた歴史と理論、フィールドワークによる高校野球の研究は、研究者であるとともに現役の高校野球の指導者でもあるが故に得ることができた研究の成果である。指導現場を熟知しているが故に恣意的な思考への偏重を懸念させるが、そうした傾向を認識して、できる限り実態に対して

論理的な展開を心掛けた。理論の援用においてさらに詰めるべき余地を含むものの、指導現場での事象に対して理論社会学を援用した研究は、これまでの高校野球研究に対して新しい試みとして位置づけられるものであると筆者は考える。

　今後もデータと理論の相互作用による分析を基軸に研究を継続していく決意をもって本書を閉じたい。

# 引用、参考文献

安東由則、2002、「身体訓練（兵式体操）による『国民』の形成」、『武庫川女子大紀要　人文・社会科学編』第 50 巻、武庫川女子大学、85-95 頁

有山輝雄、1997、『甲子園野球と日本人』、吉川弘文館

東田一朔、1989、『プロ野球誕生前夜』、東海大学出版会

ベースボール・マガジン社編、1994、『日本プロ野球 60 年史』

Collins, R., 1984, Sociological Insight—An Introduction to Non-Obvious Socioligy, Oxford U.P.（井上俊・磯部卓三訳、1992、『脱常識の社会学—社会の読み方入門』、岩波書店）

第一高等学校編、1939、『第一高等学校六十年史』

Durkheim, E., 1893, De la division du travail social, Presses Universitaires de a France.（田原音和訳、1971、『社会分業論』、青木書店）

————, E., 1895, Les règles de la méthode sociologique, Presses Universitaires de a France.（宮島喬訳、1978、『社会学的方法の規準』、岩波文庫）

————, E., 1912, Les formes élémentaires dela vie religieuse, Presses Universitaires de a France.（古野清人訳、[1941]1975、『宗教生活の原初形態』上、岩波文庫）（古野清人訳、[1942]1975、『宗教生活の原初形態』下、岩波文庫）

————, E., 1950, Leçons de sociologie, Presses Uiversitaires de France.（宮島喬・川喜多喬訳、1974、『社会学講義』、みすず書房）

Goffman, E., 1959, The Presentation of Self in Everyday Life, New York: Doubleday & company .（石黒毅訳、1974、『行為と演技——日常生活における自己呈示』、誠信書房）

————, E., 1967, Interaction Ritual, New York: Doubleday & company.（浅野敏夫訳、2002、『儀礼としての相互行為』、法政大学出版局）

井上俊・作田啓一、1968、「個人・集団・全体社会」作田啓一・日高六郎編『社会学のすすめ』、筑摩書房、149-171 頁

煎本増夫、2009、『五人組と近世村落—連帯責任制の歴史』、雄山閣

神谷拓、2015、『運動部活動の教育学入門』、大修館書店

菊幸一、1993、『「近代プロ・スポーツ」の歴史社会学』、中公新書

君島一郎、1972、『日本野球創世記』、ベースボール・マガジン社

岸野雄三・成田十治郎・大場一義・稲垣正浩編、1973、『近代体育スポーツ年表』、大修館書店

小椋博・江刺正吾編、1994、『高校野球の社会学』、世界思想社

公益財団法人矢野恒太記念会編、2020、『日本国勢図会 2020/2021 版』、公益財団法人矢野恒太記念会

久保田高行、1956、『高校野球五十年』、時事通信社

草柳千草、2008、「自己呈示のドラマ」井上俊・伊藤公雄編『自己・他者・関係』、世界思想社、33-42 頁

毎日新聞社編、2008、『選抜高等学校野球大会 80 年史』、毎日新聞社・日本高等学校野球連盟

牧野直隆、2003、『ベースボールの力』、毎日新聞社

丸屋武士、2014、『安部磯雄と嘉納治五郎』、明石書店

Merton, Robert, K., 1949, Social Theory and Social Structure, Free Press.（森東吾・森好夫・金沢実・中島竜太郎訳、1961、『社会理論と社会構造』、みすず書房）

見田宗介・栗原彬・田中義久編、1988、『社会学事典』、弘文堂

宮島喬、1987、『デュルケム理論と現代』、東京大学出版会

文部省、1913、『學校體操教授要目』、開發社

森岡浩編、2001、『県別全国高校野球史』、東京堂出版

森岡清美・塩原勉・本間康平編、1993、『新社会学辞典』、有斐閣

村岡健次、1987、「『アスレティズム』とジェントルマン」、村岡健次・鈴木利章・川北稔編『ジェントルマン・その周辺とイギリス近代』、ミネルヴァ書房

中島道男、1997、『デュルケムの〈制度〉理論』、恒星社厚生閣

中島隆信、2016、『高校野球の経済学』、東洋経済新報社

中村哲也、2010、『学生野球憲章とはなにか』、青弓社

————、2007、「日本学生野球協会の成立と『学生野球基準要綱』の制定」『一橋大学スポーツ研究 26』、一橋大学、25-32 頁

中村敏雄・高橋健夫・寒川恒夫・友添秀則編、2015、『21 世紀スポーツ大辞典』、大修館書店

日本学生野球協会編、1984、『日本学生野球協会史』、日本学生野球協会

————、2011、『学生野球要覧』、日本学生野球協会

日本高等学校野球連盟・佐伯達夫編、1976、『日本高校野球連盟三十年史』、日本高等学校野球連盟

西原茂樹、2018、「甲子園大会の『国民的行事』化」白川哲夫他編『「甲子園」の眺め方』、小さ子社、264-291 頁

大平昌秀、1992、『異端の球譜「プロ野球元年」の天勝野球団』、サワズ出版

佐伯達夫、1980、『佐伯達夫自伝』、ベースボール・マガジン社

作田啓一、1983、「デュルケームの思想」『デュルケーム』、講談社、5-58 頁

椎野信雄、1991、「ドラマトゥルギーから相互行為秩序へ」安川一編『ゴフマン世界の再構成』、世界思想社、33-64 頁

清水諭、1998、『甲子園野球のアルケオロジー―スポーツの「物語」・メディア・身体文化』、新評論

正力松太郎、1999、『正力松太郎悪戦苦闘』、日本図書センター

寒川恒夫、2017、『近代日本を創った身体』、大修館書店

杉本厚夫、1994、「劇場としての甲子園」江刺正吾・小椋博編『高校野球の社会学』、世界思想社、18-38 頁

竹村直樹、「高校野球部員の意識と行動の分析―ドラマトゥルギーの方法を通して分析する―」『龍谷大学社会学部紀要』第 44 号、龍谷大学社会学部学会

――――、「儀礼論による高校野球の考察―宗教的儀礼から相互作用儀礼へ―」『龍谷大学社会学部紀要』第 46 号、龍谷大学社会学部学会

――――、「高校野球における処分規約と運用の変遷―連帯責任を伴う処分が維持されている背景―」『スポーツ社会学研究』第 26 号 2、日本スポーツ社会学会、67-81 頁

――――、「高校野球にみるプロ・アマ問題―アマ断絶の構造と歴史」『龍谷大学社会学部紀要』第 54 号、龍谷大学社会学部学会

玉置通夫、2004、『甲子園球場物語』、文藝春秋

谷川穣、2018、「明治期宗教系学校と野球・研究序説」白川哲夫他編『甲子園の眺め方』、小さ子社、63-90 頁

飛田穂州、1974、『学生野球とはなにか』、恒文社

山崎夏生、2020、『全球入魂！プロ野球審判の真実』、北海道新聞社

山室寛之、2010、『野球と戦争』、中公新書

# あとがき

　私立高校に奉職し、硬式野球部の部長を務めてきたなかで、私には忘れえ
ぬ苦い経験がある。それは、部員の不祥事が原因で大会途中に出場を辞退し、
日本高野連より1か月の対外試合禁止処分を受けたことである。その内容は、
下級生部員同士のいざこざが「いじめ」へと発展したことによるものである。
そして、学内の生徒指導において、いじめた側の対象生徒に公式処分が下っ
たことを日本高野連に報告した結果、有期の対外試合禁止処分が下る可能性
が高いとされ、促されるかたちで公式試合への出場を辞退したのであった。

　幸いにも当該学年の生徒が、この一件によって退部することなく、最後は
皆が他者を思いやれる大人としてたくましく成長してくれたことが、当時の
私にとって唯一の支えであった。そして、生徒の動向を見逃していた責任は
指導者側にある点は勿論であるが、この一件を機に、他の競技と比較して、
何故、高校野球だけがこのような処分主義にあるのかという点に疑問を抱く
ようになった。

　また、それは幾年も前のことではあるが、当時、学内では野球部員に対し
て一部の教員が示す嫌悪感も重なり、私にとっては、そうした個々の感情が
生徒指導上にも反映されているのではないかといった疑念に駆られる日々で
もあった。勿論そうした感情は、役割演技に近いかたちで行為する、野球部
員らのグランド上での指導者への態度と、校内における他の教員に対する態
度との違いに向けて抱かれやすく、その落差は決して好感を持てるものでは
ない。しかし、そのことから、部員のもつ3年間で5回しかない全国大会
への挑戦権が、1度でも失われるという事態にまで至っては、彼等に対して
申し訳ない限りである。

　このように自身の心中が混とんとする中、旧知の友である京都新聞社の小
池直弘記者より、『高校野球の社会学』の編者である龍谷大学名誉教授小椋
博先生が開催されていた「学生スポーツ研究会」をご紹介いただき参加させ
ていただくこととなった。そして、何よりもこの研究会への参加が、私が高
校野球の研究へと向かうきっかけとなったのである。

本書は、2021年3月、龍谷大学に提出された博士論文（題：「高校野球の制度と構造—デュルケーム理論からみた歴史的分析—」）に加筆修正したものである。博士課程においては、小椋先生よりご紹介いただいた亀山佳明先生に主指導をお願いしたものの、私自身に社会学を通して物事を論理的に組み立てる力が全く身についておらず、大変ご迷惑をおかけすることとなった。しかし、厳しくも情熱的なご指導を賜るなか、デュルケーム理論を援用し、高校野球に関連する特異な部分を見ていくなかで、しだいに物事を構造から読み解く力の大切さを感じることとなった。

　世間的にも日本高野連の中央集権的な体質を疑問視する問いは多い。しかし、私の場合、デュルケーム理論のなかで、特に中間集団論と出会って以降、国家からの統制に対抗するかたちで、現在まで資本の波にも飲み込まれず、決して揺らぐことのない組織力を発揮している日本高野連に対してたいへん魅力を感じるようになった。このように、最初は物事への疑問や不満が研究へのきっかけとなったものの、長年をかけて研究を深めたなかで、自らの恣意的な観念から解放され、現在では自身の心中も霧が晴れた思いである。

　私は本書を完成させるまでに、たいへん多くの先生方にお世話になった。特に博士論文の主指導教員を引き受けていただいた亀山先生には、龍谷大学をご退官された後にも長年に亘りご指導いただき、その情熱にはいくら感謝してもしきれない思いである。さらに、亀山先生のご退官後に主指導教員をお引き受け頂いた脇田健一先生、博士論文の審査に加わっていただいた工藤保則先生、津島昌弘先生にも大変お世話になった。また、亀山ゼミの窪田和美先生、藤井奈津子先生、野村洋平先生、そして小丸超先生にはいつ何時も的確なアドバイスと励ましのお言葉を頂けたことは、常に私にとって大きな支えであった。この場をお借りし、感謝の意とお礼を申し上げたい。

　そして、本書の編集や出版に関して創文企画の鴨門義夫氏にはたいへんお世話になった。近年、出版状況がたいへん厳しい状況であるにも関わらず、本書の出版にご協力いただいたことに対し、心より感謝の言葉を述べたい。


　　　　2023年3月　ワールド・ベースボール・クラシックに沸く日に

■執筆者プロフィール

竹村　直樹（たけむら　なおき）

1965年 兵庫県に生まれる。

立命館大学大学院社会学研究科博士前期課程修了。

龍谷大学大学院社会学研究科博士後期課程単位取得満期退学。

博士（社会学）。

社会学理論、スポーツ社会学専攻。

論文に「高校野球における処分規約と運用の変遷―連帯責任を伴う処分が維持されている背景―」『スポーツ社会学研究』（日本スポーツ社会学会）、「修復的儀礼としての体罰―高校野球におけるその変化を分析する―」『体罰問題の研究』（龍谷大学社会学部共生社会研究センター）などがある。

# 高校野球の制度研究
## ―デュルケーム理論からみた社会学的分析―

2023年8月25日　第1刷発行

著　者　竹村直樹

発行者　鴨門裕明

発行所　㈲創文企画

　　　　〒101－0061 東京都千代田区神田三崎町3－10－16 田島ビル2F
　　　　TEL：03－6261－2855　FAX：03－6261－2856
　　　　http://www.soubun-kikaku.co.jp

装　丁　オセロ

印　刷　壮光舎印刷㈱

ISBN 978-4-86413-180-3